CHEMINS DE FER

DE

PARIS A LYON ET A LA MÉDITERRANÉE.

SECTION SUD DU RÉSEAU.

SERVICE DU MOUVEMENT.

Lignes de la Rive Gauche du Rhône.

CIRCULAIRES.

MARSEILLE.
TYP. ET LITH. BARLATIER-FEISSAT ET DEMONCHY,
PLACE ROYALE, 7 A.

1857.

CHEMINS DE FER

DE

PARIS A LYON ET A LA MÉDITERRANÉE.

LIGNES DE LYON A LA MÉDITERRANÉE.

CIRCULAIRES.

N° 4.

Instructions relatives aux bagages égarés.

L'ordre de service 273, ayant trait aux **Bagages égarés**, n'est pas suivi avec exactitude.

Il est de toute nécessité que les Chefs de station s'y conforment rigoureusement.

Les avis transmis par le télégraphe ne peuvent remplacer, dans aucun cas, les bulletins de bagages égarés ou trouvés en plus, et ces bulletins doivent toujours être expédiés conformément à l'ordre de service précité.

Le Chef du service des voyageurs doit être informé immédiatement des irrégularités qui se présentent dans le service des bagages, et doit également être prévenu par écrit lorsqu'un colis égaré rentre à la station qui en a fait la réclamation.

En outre, tout colis-bagage trouvé en plus qui n'aura pas été réclamé dans les 24 heures, devra être expédié *franco* en messagerie, au Chef de station de Marseille.

Sur chaque colis sera collé une étiquette indiquant par quel train et quel jour il a été déposé à la station qui en fait le renvoi. Le Chef du service des voyageurs devra être avisé de cette expédition.

Toutes les conséquences résultant de négligence dans l'exécution de la présente ou de l'ordre de service 273, seront mises à la charge des Chefs de station.

Le 18 Juillet 1854.

N° 9.

Instructions relatives aux bagages égarés.

Malgré l'ordre de service 273 et la circulaire n° 4, en date du 18 juillet, quelques chefs de station ne se conforment pas aux instructions données au sujet des **Bagages Égarés ou surnuméraires.**

Ces instructions sont rappelées pour la dernière fois, et les employés sont prévenus que la moindre négligence dans leur exécution sera punie d'une forte amende.

Il arrive aussi fréquemment que les stations délivrent à certains trains, des billets pour des points qui ne sont pas desservis par ces trains. Il en résulte des réclamations fondées qui peuvent donner lieu à des paiements d'indemnités. Les chefs de station doivent surveiller avec attention le travail de leur receveur, et à l'avenir tout employé qui délivrera à un train des billets pour une station non desservie par ce train, sera mis à l'amende et rendu passible des dommages et intérêts que la Compagnie pourrait avoir à supporter.

En outre, il est rappelé de nouveau aux chefs de station qu'ils doivent apporter dans l'expédition des trains la plus grande célérité, et que l'affluence des voyageurs, loin d'être une excuse pour le ralentissement du service, doit être, au contraire une raison pour déployer le plus d'activité possible, afin de ne pas dépasser le temps prescrit pour les stationnements.

Dans les stations intermédiaires, il faut que les bagages soient classés avant l'arrivée des trains sur les trottoirs *par stations destinataires* et déposés sur les points où doivent se trouver à l'arrêt du train les waggons dans lesquels ils doivent être chargés.

Dans quelques stations le bagage arrivant est enlevé du trottoir et rentré dans les salles avant que le chargement du bagage partant soit terminé, c'est une faute;

tous les hommes doivent être occupés à l'expédition du train, et une fois que le bagage arrivant a été déchargé et reconnu d'après les feuilles de route, on ne doit en faire l'enlèvement que lorsque le train est parti.

Enfin, les chefs de station ne perdront pas de vue que tout le service doit se faire avec promptitude, mais sans confusion et dans le plus grand silence.

Le 28 Juillet 1854.

N° 11.

Instructions relatives à la hauteur du chargement des bagages sur l'impériale des brakes et fourgons à bagages.

Par suite de la grande affluence de voyageurs, les colis, bagages et messagerie sont chargés sur le dessus des brakes et des waggons à bagages.

Les colis ainsi chargés atteignent quelquefois une hauteur très considérable et qui pourrait occasionner des accidents. En conséquence, les chefs de station, chefs de train et gardes-freins sont prévenus que les chargements faits de cette manière ne devront jamais dépasser la toiture des brakes ou wagons à bagages de plus de soixante-et-quinze centimètres.

Les chargements des waggons à bagages et des brakes venant de la rive droite et mis au train de Tarascon, devront être vérifiés avec soin par le chef de station de Tarascon et les chefs de train qui feront abaisser la hauteur du chargement, s'il y a lieu.

Le 29 Juillet 1854.

N° 18.

Instructions relatives au fichage des colis.

Il est de nouveau recommandé aux chefs de station, de veiller à ce que les fiches de bagages soient collées sur les anciennes fiches, qui peuvent se trouver sur les colis.

Ils devront également faire barrer avec de la craie rouge et *d'une manière fort apparente*, les anciennes fiches qui ne pourraient être recouvertes par celles apposées au départ.

Cette précaution est indispensable pour éviter des erreurs.

Le 28 Août 1854.

N° 20.

Instructions relatives à l'envoi des pièces de comptabilité et des rapports mensuels.

Les pièces de comptabilité, rapports, etc., que les chefs de station doivent faire parvenir mensuellement au chef du service des voyageurs, ne lui sont pas remises avec exactitude et il est nécessaire de rappeler aux employés quelles sont les pièces et rapports qu'ils ont à envoyer, et à quelles époques l'envoi doit en être fait.

Les chefs de station doivent adresser au chef du service des voyageurs,

Le 20 de chaque mois,

Les feuilles de paie, comprenant les employés appartenant aux catégories suivantes: **Employés des stations. — Police des stations. — Police et surveillance de la ligne. — Télégraphie électrique.**

Ces feuilles de paie seront dressées en une seule expédition,

Le dernier jour de chaque mois.

1° Les feuilles de paie comprenant les employés appartenant aux catégories suivantes :

Service des stations. — Lanternes de signaux et d'intérieur. — Dépôt de charbons.

Ces feuilles devront être dressées en triple expédition.

2° L'extrait du registre des plaintes formulées par les voyageurs dans le courant du mois.

3° L'état des malades et blessés avec les certificats des médecins à l'appui.

4° Le rapport sur les progrès des gardes dont l'instruction a été prescrite.

Il est rappelé que sur les feuilles de paie :

La présence doit être indiquée par un trait vertical.........	I
L'absence non autorisée par la lettre..................	A
L'absence autorisée ou congé par la lettre...............	C
L'absence pour cause de maladie constatée par la lettre....	M
L'absence pour cause de blessures dans le service par la lettre	B

Dans le cas où il n'y aurait eu ni malades ni blessés, ni plaintes déposées par les voyageurs pendant le mois, les imprimés *Etats des malades et extraits du registre des plaintes* n'en seront pas moins envoyés au chef du service des voyageurs, après que le mot **Néant** y aura été inscrit.

Le 7 Septembre 1854.

N° 27.

Instructions pour les mandats du Préposé des convois militaires.

A dater d'aujourd'hui, il sera délivré aux militaires voyageant isolément, avec un mandat de convoi du préposé des convois militaires, un billet pour la station, sur laquelle ils sont dirigés, moyennant la remise du mandat de convoi.

Ce mandat sera versé comme argent à la caisse centrale pour la valeur du billet délivré.

La date du jour, le numéro du train par lequel les militaires seront partis, ainsi que le montant du billet délivré, seront inscrits en caractères très-apparents sur le mandat, qui devra porter également le timbre de la station.

Le 25 Septembre 1854.

N° 33.

Instructions relatives aux bagages égarés.

A dater du 1er octobre, il sera tenu dans toutes les stations la note exacte des **Bagages manquant à l'arrivée.**

A cet effet, il sera remis à chaque station, avec la présente, un registre imprimé. Les titres des colonnes de ce livre sont assez clairs pour qu'il ne soit pas besoin d'en donner l'explication.

Tous les colis-bagages *enregistrés* qui manqueront à l'arrivée des trains, y seront consignés scrupuleusement, ainsi que la date de leur retour, lorsqu'il aura lieu.

Les colis *non enregistrés* oubliés par les voyageurs, ne devront pas y figurer.

A la fin de chaque mois, un extrait de ce registre sera envoyé au chef du service des voyageurs, afin qu'il se rende compte des irrégularités qui ont lieu dans le service des bagages et qu'il punisse les employés qui auront fait faute.

A cette occasion, il est rappelé que lorsqu'un colis-bagage n'est pas arrivé à destination, le signalement qui est porté sur le bulletin de bagage égaré, doit être le plus complet possible. Les chefs de station doivent demander au propriétaire du colis perdu, de leur désigner quelques-uns des objets les plus apparents contenus dans ses bagages et consigner ces renseignements sur le bulletin.

En outre, lorsqu'un bagage égaré est réclamé à une station, on ne doit pas se borner à regarder si les fiches des colis qui se trouvent en magasin sont conformes à celles que devait porter le bagage réclamé, il peut y avoir eu erreur dans le collage. On ne doit s'en rapporter qu'au signalement donné sur le bulletin, et ce n'est qu'après s'être bien assuré qu'aucun des colis se trouvant à la station ne répond au signalement, que les employés doivent écrire leur réponse.

Ces soins sont souvent négligés et des colis perdus qui devraient se retrouver immédiatement, ne le sont que trois ou quatre jours après.

Toutes les fois qu'un colis-bagage, par une cause quelconque, ne voyage pas avec sa feuille de route réglementaire, il ne peut être admis dans les trains comme bagage; la station qui en fait l'envoi doit l'expédier en messagerie franco, ou taxé suivant les cas prévus par les règlements, à l'adresse du chef de la station, sur laquelle il doit être dirigé et sur la feuille d'expédition de messagerie, on doit consigner toutes les observations voulues, pour que la station destinataire sache d'où provient ce colis et à qui elle doit en faire la remise.

Tout chef de train ou garde-frein qui recevra un colis-bagage, sans feuille de route, sera mis à l'amende.

Enfin, il est encore rappelé que la plus grande attention doit être portée dans l'enregistrement des bagages et dans leur reconnaissance, au moment du départ des trains.

Le 28 Septembre 1854.

N° 10.

Instructions pour les Contrôleurs de route et d'arrivée.

A l'avenir les contrôleurs de route et d'arrivée ne devront rien percevoir pour les enfants devant payer 1/2 place qui auront passé inaperçus dans les stations de départ. Ils devront se borner à signaler au chef du service des voyageurs le nom des stations qui auront laissé monter ces enfants sans billets dans les trains.

Le prix de la 1/2 place qui aurait dû être perçu, sera mis à la charge de la station de départ.

Le 7 Octobre 1854.

N° 11.

Instructions relatives à la Télégraphie.

Toutes les fois qu'un poste télégraphique aura quelque dérangement dans ses appareils ou qu'il ne pourra communiquer régulièrement, il en préviendra immédiatement :

1° M. Jauffret à Tarascon ;

2° Le chef du service des voyageurs.

Cet avis devra être donné par lettre et par télégraphe par le poste le plus voisin de celui qui ne fonctionnera plus, et que le chef de station aura à prévenir en conséquence.

Il est bien entendu que les postes de *Loriol* et de *La Croisière* ne devront pas quitter la communication directe et que, par suite, si le poste de Valence ne fonctionnait plus, ce serait à la station de Montélimar à aviser par télégraphe M. Jauffret et le chef du service des voyageurs, de même si *Montélimar* avait un dérangement dans les appareils, ce serait le poste d'*Orange* qui devrait prévenir les personnes indiquées plus haut.

Le 10 Octobre 1854.

N° 55.

Graissage à l'huile des trains de marchandises.

Il arrive fréquemment pendant l'hiver que les trains de marchandises sont arrêtés dans leur marche et qu'il est nécessaire, dans l'intérêt du service, de verser de l'huile dans les boîtes à graisse des waggons.

L'huile nécessaire à ce graissage ne pouvant être donnée par les mécaniciens, sera fournie à l'avenir par les chefs de train.

A cet effet, chaque chef de train de marchandises sera muni d'une burette pouvant contenir un litre d'huile, dont il sera responsable.

Ces burettes seront remplies par les stations auxquelles les chefs de train en feront la demande, et les chefs de train les garderont dans leurs brakes pour s'en servir en cas de besoin. Ce graissage ne devra être fait qu'en cas de nécessité absolue.

Les stations de Marseille, Arles, Tarascon, Avignon, Orange, Montélimar et Valence, sont les seules qui auront à fournir, aux chefs de train, l'huile nécessaire à ce service.

Sur leurs rapports journaliers, ces stations mentionneront les quantités d'huile fournie, le nombre de waggons qu'avait le train et le nom du chef de train.

De leur côté, sur les rapports adressés au chef du service des voyageurs, les chefs de train signaleront les trains qu'ils auront été obligés de graisser.

Le 19 Octobre 1854.

N° 75 bis.

Nettoyage des rails dans l'enceinte des gares en temps de neige.

Toutes les fois qu'il neigera, vous aurez le soin de faire balayer les rails de la voie devant votre station jusqu'à une distance de 100 mètres des deux côtés.

L'entretien de vos trottoirs est aussi à votre charge. N'oubliez pas non plus qu'en temps de pluie ou d'humidité, vous devez saupoudrer légèrement les rails jusqu'à une distance de 100 métres de votre station avec du sable fin, afin que les machines ne patinent pas

Demandez du sable au magasin.

Le 22 Novembre 1854.

N° 76.

Instructions relatives aux objets trouvés sur la ligne.

L'article 17 de l'instruction des cantonniers-poseurs n'est pas observé assez rigoureusement : toutes les fois qu'un objet quelconque est trouvé sur la ligne, il doit être immédiatement porté de brigade en brigade jusqu'à la station la plus voisine. Le chef de station qui reçoit l'objet doit en donner immédiatement un reçu au poseur qui le lui remet. Ce reçu sera détaché d'un registre à-souche joint à la présente.

Si l'objet appartient au matériel roulant de la Compagnie, le chef de station doit l'envoyer en messagerie au dépôt le plus voisin ; si au contraire cet objet appartient à un voyageur, il devra en informer le chef du service des voyageurs et demander des instructions.

Le 21 Novembre 1854.

N° 101.

Instructions relatives à l'admission des nouveaux employés.

A l'avenir, toutes les fois qu'un employé nouveau, garde, facteur, etc., etc., sera incorporé dans le personnel de la Compagnie, les chefs de station, garde-chefs, chefs de dépôt, etc., chacun pour les employés qui le concernent, dresseront une feuille matricule conforme au modèle ci-joint et l'enverront au chef du service des voyageurs.

Les hommes âgés de plus de 35 ans ne peuvent être admis au service de la Compagnie, l'admission ne peut avoir lieu que tout autant que le médecin attaché au service de la Compagnie, aura déclaré dans un certificat que le postulant n'a aucune infirmité ou maladie, et qu'il est apte à remplir parfaitement les fonctions qui doivent lui être confiées. Le certificat du médecin sera épinglé à la feuille matricule et envoyé également au chef du service des voyageurs.

Le 3 Janvier 1855.

N° 114.

Instructions relatives aux avis à donner aux commissaires de surveillance en cas d'accident.

Il est rappelé aux chefs de station, chefs de train et à tous les employés en général, que MM. les commissaires de surveillance doivent toujours être avisés, le plus promptement possible, de tous les accidents arrivés sur la ligne ou dans les gares.

Cet avis devra leur être transmis par la voie télégraphique, par la station la plus rapprochée du point où l'accident sera arrivé. Si cette station n'a pas de poste télégraphique, le chef de la station enverra une dépêche par premier train au poste le plus voisin, afin qu'il la transmette immédiatement.

Les dépêches devront être aussi concises que possible : leur envoi ne dispensera pas les chefs de station de l'avis écrit qu'ils doivent adresser à MM. les commissaires.

Il est également rappelé que le chef du service des voyageurs doit être aussi informé immédiatement et de la même manière, de tous les accidents arrivés sur la ligne ou dans les gares.

Le 20 Janvier 1855.

N° 116.

Instructions relatives au fichage des colis.

A dater du 1er février toutes les fiches de *bagages* devront porter non-seulement le nom de la station d'où ils partent, mais encore la date du jour de l'expédition et le n° du train par lequel ils sont envoyés.

Dans les stations de Marseille, Pas des Lanciers, Rognac, Constantine, Arles, Tarascon, Avignon, Orange, La Croisière, Montélimar, Loriol, Valence et Lyon, ces indications seront mises à l'aide de timbres à clichets mobiles, qui parviendront avec la présente. Sur les autres points de la ligne le nom de la station continuera à être apposé sur les fiches au moyen du timbre actuellement en vigueur ; la date et le n° du train seront écrits à l'encre.

Le 26 Janvier 1855.

N° 126.

Tenue des registres constatant le retard des trains.

Les feuilles de route ne mentionnent pas avec exactitude les causes des retards des trains. Il en est de même des registres tenus dans diverses stations pour constater ces retards.

C'est une faute.

Les causes des retards doivent être enregistrées avec le plus grand soin, les dérangements survenus aux machines ne doivent pas surtout être confondus avec les manques de vapeur, et on ne doit pas attribuer légèrement aux manœuvres en route, à l'affluence des voyageurs et des bagages, des retards qui ont quelquefois des causes toutes différentes.

Tout motif de retard doit être mentionné avec la plus scrupuleuse vérité et la plus grande exactitude.

Les chefs de station et chefs de train sont prévenus que cette partie de leur service sera surveillée très-sévèrement à l'avenir.

Le 7 Février 1855.

N° 210.

Chargement des waggons de service.

Les brakes, les fourgons à bagages, les trucks et les waggons de messagerie sont depuis quelque temps chargés outre mesure et de façon à briser les ressorts et à occasionner des accidents.

C'est une faute grave.

Les chefs de station, chefs de train et gardes-freins doivent porter la plus grande attention au chargement des colis, bagages et messagerie. Ils doivent s'assurer que les chargements ne sont pas d'un poids trop considérable et en cas de besoin faire ajouter un waggon de service supplémentaire.

Toute infraction à la présente sera rigoureusement punie.

Le 7 Mai 1855.

N° 219.

Fixation des masses d'habillement.

A l'avenir et conformément aux règlements déjà établis, les demandes d'habillements faites par les employés ne seront exécutées qu'autant que ceux-ci auront à leur masse une somme équivalente à la valeur des effets demandés.

Il est rappelé que tous les employés doivent être en uniforme et qu'ils seront punis sévèrement en cas de négligence dans leurs tenues.

Le montant des masses d'habillement est fixé comme suit :

Chefs de stations 1re, 2me et 3me classe..........	100 francs.
Gardes-chefs, chefs de train, gardes-freins, employés des télégraphes, gardes, contrôleurs, receveurs, facteurs chefs, facteurs de salle et chefs d'équipes.	80 francs.
Facteurs et lampistes........................	50 francs.

A dater de ce jour aucun employé ne pourra être admis au service de la Compagnie, s'il ne peut effectuer, avant son entrée en fonctions, le versement des deux tiers du montant de sa masse.

Le 15 Mai 1855.

N° 226.

Admission du public dans les vestibules des stations.

A l'avenir, les vestibules des stations devront être constamment ouverts au public. Les voyageurs arrivant par les trains et désirant attendre, soit les voitures de la correspondance, soit un autre train, ainsi que les personnes accompagnant ou attendant des voyageurs, pourront y séjourner et y circuler librement.

Au moment du départ des trains et aux heures fixées par les règlements pour la clôture de la distribution des billets et de l'enregistrement des bagages, on se contentera de fermer les guichets des receveurs et des facteurs chefs des bagages, et on laissera ouvertes les portes d'entrée des vestibules.

Il est entendu que toutes les personnes qui seront dans les vestibules devront se conformer aux règlements de la police des stations, et que l'entrée de ces vestibules sera interdite aux pisteurs d'hôtels, aux marchands, etc., ainsi qu'aux vendeurs de journaux autres que ceux dûment autorisés.

Le 21 Mai 1855.

N° 235.

Instructions relatives aux transports sur réquisition.

A l'avenir, les chefs de détachements transportés sur réquisition pour le compte du Ministère de la guerre qui déjà certifient le départ desdits détachements sur les états de composition d'effectif, auront à certifier également leur arrivée au point de destination.

Ce certificat sera donné sur les états de composition d'effectif et sera ainsi conçu :

Je soussigné commandant du détachement désigné ci-dessus, certifie que le transport de hommes (*détailler, quand il y aura lieu, le nombre d'officiers, de sous-officiers, de caporaux ou brigadiers et de soldats, ainsi que la quantité de bagages, le nombre de chevaux, etc., etc.)* a été effectué le à

A le 185

Ces certificats sont exigés en vertu de la circulaire de M. le Ministre de la Guerre, en date du 31 mai 1855.

Le 7 Juin 1855.

N° 237.

Rapports journaliers des stations.

A dater du 20 juin courant les imprimés sur lesquels sont dressés les rapports journaliers des stations seront supprimés et remplacés par ceux joints au présent.

Ces nouveaux rapports étant plus complets que ceux actuellement en usage, et renfermant des renseignements beaucoup plus détaillés, il est nécessaire de donner à leur sujet quelques instructions qui devront être suivies exactement.

1° État du Matériel.

Cet état devra être dressé avec la plus grande exactitude, les numéros des voitures et waggons devront être mentionnés avec soin.

2° Matériel pour l'Éclairage des Trains.

Ce relevé ne devra pas être fait légèrement. Si une station a des lanternes supplementaires, elle aura à expliquer comment ces lanternes lui sont parvenues et à demander à qui elle doit en faire le renvoi. Des vérifications seront faites de temps en temps et tout lampiste qui aura un nombre de lanternes supérieur à celui qui a été fixé par les ordres de service sera mis à l'amende.

Heures de Départ et d'Arrivée des Trains.

Chaque station devra faire figurer sur ce tableau tous les trains par lesquels elle est desservie.

Mouvement des Machines de réserve et de renfort.

Cette partie du rapport ne concerne que les stations qui ont des dépôts de machines ou des machines de réserve. Les titres des colonnes sont trop clairs pour qu'il soit besoin d'en donner l'explication. Chaque mouvement des machines de réserve ou de renfort devra être mentionné avec exactitude.

Service des Bagages.

Bagages trouvés en plus.

Bagages manquants.

Toutes les erreurs faites dans le service des bagages, même les moins importantes et celles qui auraient été rectifiées de suite, devront figurer sur ce rapport. La mention qui sera faite des bagages manquants sur le rapport journalier ne doit pas dispenser les stations de tenir le livre des bagages manquants qui a été prescrit, et d'en envoyer un extrait à la fin de chaque mois au Chef du Mouvement à Marseille.

Les chefs de station devront surtout porter avec le plus grand soin dans la colonne Observations, la rentrée des colis qui leur auront manqué.

Les erreurs dans le service des bagages sont nombreuses depuis quelque temps et elles doivent cesser.

Les moindres fautes seront punies.

Service des Correspondances.

Naturellement cette partie du rapport ne concerne que les stations dans lesquelles il y a des services de correspondance. Toutes les colonnes devront être remplies avec exactitude, et l'envoi de ces renseignements journaliers ne dispense pas les stations où se trouvent établies les correspondances, de faire au Contrôle les envois des relevés qui se font actuellement. Les relevés envoyés au Contrôle seront à la fin de chaque mois comparés avec les renseignements journaliers donnés par les rapports et les totaux devront être d'accord,

Opérations de la Station.

Recette.

Les chiffres qui seront donnés doivent être de la plus scrupuleuse exactitude et cadrer parfaitement avec les chiffres accusés sur les bordereaux de liquidation.

Mouvement.

Les renseignements sur le nombre des voyageurs et des bagages arrivés ou partis devront être donnés très-exactement.

Service des Omnibus et Fourgons.

Cette partie du rapport ne s'appliquera qu'aux gares de Marseille et de Lyon, ainsi qu'aux bureaux succursales établis dans ces deux villes.

Rapport sur le Personnel.

Toutes les observations sur le personnel que le Chef de station croira utile de porter à la connaissance du Chef du Mouvement devront être consignées dans cette partie du rapport.

Service du Télégraphe.

Le nombre des employés de service et les observations auxquelles pourra donner lieu le travail de la journée devront être mentionnés. Il est entendu que les procès verbaux reproduisant les dépêches lancées ou reçues, continueront à être expédiés comme ils le sont aujourd'hui.

Objets trouvés

Tous les objets trouvés, soit sur la voie, soit dans les stations, soit dans les voitures, seront consignés sur ce rapport; on en donnera le signalement exact ainsi que le nom de l'employé qui les aura trouvés.

Plaintes et Réclamations déposées par les Voyageurs.

La Copie des plaintes et réclamations déposées par les voyageurs sur le livre tenu à cet effet dans la station devra figurer dans cette partie du rapport, le Chef de station y ajoutera les explications qu'il croira nécessaire de donner. La Copie de ces plaintes devra continuer à être envoyée à la fin de chaque mois comme cela a lieu actuellement.

OBSERVATIONS.

Dans cette partie du rapport, les Chefs de station consigneront toutes les observations qu'ils croiront convenable de porter à la connaissance du Chef du mouvement, et qui par leur nature n'auront pu trouver place dans l'intérieur du rapport, tels que accidents, contraventions, etc.

Le 15 Juin 1855.

N° 243.

Instructions relatives au graissage des trains.

Les machinistes conduisant les trains demandent quelquefois aux stations de l'huile, du suif, ou autres matières graisseuses.

Ces objets leur seront remis sur leur demande, mais, en les livrant, le Chef de station devra les inscrire sur les carnets dont les machinistes doivent toujours être porteurs.

Sur le refus du machiniste de laisser inscrire cette livraison sur son carnet, elle n'aura pas lieu.

Le suif et l'huile employés à refroidir les boîtes à graisse, aux passages des trains dans les stations, ne devront pas être inscrits sur le carnet du machiniste.

Quand il sera nécessaire de graisser un train de marchandises à l'huile, l'huile nécessaire à cette opération devra, comme il a été dit précédemment, être livrée au Chef de train et non pas au machiniste.

Le 25 Juin 1855.

N° 262.

Instructions relatives aux bagages égarés.

A l'avenir les bulletins de bagages égarés qui sont lancés sur la ligne devront être dressés sur les imprimés joints au présent.

Pour les **Bagages manquants**, on se servira de l'imprimé jaune,

Et pour les **Bagages en plus**, de l'imprimé bleu.

Il est rappelé que toutes les fois qu'une station a des bagages en plus ou en moins, elle doit le faire connaître en lançant immédiatement sur la ligne les bulletins prescrits, tant sur la rive droite que sur la rive gauche.

La désignation des objets manquants, ou en plus, doit être très-détaillée, et faite avec le plus grand soin.

Ces désignations laissent souvent beaucoup à désirer.

Le 5 Août 1855.

N° 301.

Instructions relatives aux bureaux ambulants de l'Administration des Postes.

Les bureaux ambulants de l'administration des postes, dont la mise en circulation a été annoncée par la circulaire n° 300, seront munis d'un timbre.

Aux arrêts, aux stations, les employés de l'administration des postes annonceront, au moyen de ce timbre, que leur service est terminé et qu'on peut donner le signal du départ.

Le signal du départ du train ne pourra être donné que lorsque le timbre du bureau ambulant aura indiqué que le travail des dépêches est achevé.

Si, par la faute de l'administration des postes, un arrêt à une station est prolongé au-delà du temps prescrit par la marche des trains, les chefs de station n'auront à faire aucune observation, ils se contenteront d'indiquer sur leur rapport le retard occasionné par le service de la poste.

Les chefs de train en feront également mention sur leur feuille de route.

Le 29 Août 1855.

N° 309.

Fixation du nombre de militaires de chaque arme pouvant être contenus dans chaque compartiment des voitures.

A l'avenir, les transports de troupes et de chevaux devront se faire dans les conditions suivantes :

Troupes.

1° Grenadiers, gendarmes, génie de la garde impériale, sapeurs, musiciens de la ligne, carabiniers et cuirassiers, en armes :

8 par chaque compartiment ou 40 par waggon ;

2° Voltigeurs, chasseurs à pied, artilleurs de la garde impériale, artilleurs, génie, chasseurs à pied, infanterie, cavalerie de ligne, cavalerie légère, et troupes d'administration, en armes :

9 par chaque compartiment, ou 45 par waggon.

3° Soldats de toutes armes non équipés :

10 par chaque compartiment ou 50 par waggon.

Chevaux.

4° Le nombre de chevaux sera fixé à raison de sept par waggon K (ancien modèle), et de huit par waggon K (nouveau modèle).

Les chefs de station veilleront à l'exécution de ces nouvelles prescriptions ; ils devront, chaque fois que des transports leur seront annoncés, se faire désigner l'arme à laquelle appartiennent ces troupes afin de faire préparer le matériel en conséquence.

Le 8 Septembre 1855.

N° 337.

Note des personnes autorisées à monter dans les waggons de service.

L'ordre de service n° 297, en date du 15 septembre 1852, n'est pas exécuté.

Il est rappelé que les seules personnes autorisées à monter, sans une permission spéciale, dans les waggons à bagages d'avant et d'arrière, sont :

1° MM. les chefs de service de l'exploitation : *trafic, entretien, contrôles, ateliers, traction, achats et ventes, mouvement et contentieux ;*

2° » les ingénieurs de la construction ;

3° MM. les sous-chefs de service de l'exploitation ;

4° » les inspecteurs des services des voyageurs et marchandises ;

5° » les commissaires de surveillance administrative ;

6° » les chefs de section de l'entretien de la voie ; } Dans le parcours de leur section.

7° » les gardes-chefs.

Les chefs de train devront, sous peine d'amende, refuser poliment, mais avec fermeté, l'entrée de ces waggons à toute autre personne, à moins qu'elle ne soit munie d'une permission spéciale délivrée par un chef de service.

Le 15 Octobre 1855.

N° 341.

Éclairage des stations.

Généralement l'éclairage des stations est insuffisant, il faut que les stations et leurs abords, soient éclairés convenablement.

A partir du 20 de ce mois, cette partie du service devra être exécutée d'après les prescriptions suivantes :

1° Les abords des stations, c'est-à-dire, les cours, l'entrée et la sortie des voyageurs, seront éclairés par un nombre suffisant de lanternes sans interruption, depuis le coucher du soleil jusqu'après le passage du dernier train de la journée s'arrêtant à la station.

2° Lors de la présence des trains dans les stations le trottoir sur lequel le service se fera, sera éclairé par un nombre suffisant de lanternes, mais qui ne pourra être moindre que 3,

3° Dans l'intervalle du passage des trains, chacun des trottoirs des stations sera éclairé sans interruption par une lanterne, depuis le coucher du soleil jusqu'après le passage du dernier train s'arrêtant à la station.

Les stations qui manqueront de lanternes et d'écussons, devront immédiatement en faire la demande au magasin.

Par suite de cette mesure et par suite de la pose dans diverses stations de signaux à disques, les allocations accordées à diverses stations pour l'éclairage sont supprimées momentanément, et seront rétablies, plus tard, sur d'autres bases.

Jusqu'à nouvel ordre, toutes les stations demanderont au magasin sur bon réglementaire, l'huile dont elles auront besoin.

Le 15 Octobre 1855.

N° 356.

Emploi des signaux à disques.

Les chefs des stations dans lesquelles sont ou seront posés des *signaux à disques tournants* devront se conformer rigoureusement aux instructions suivantes :

1° Les signaux devront être faits conformément au paragraphe 2, article 6 du règlement des signaux *(signaux fixes)*.

2° Les lanternes doivent être arrangées de façon que la nuit, lorsque le disque est placé parallèlement à la voie, ce qui indique que la voie est libre, la lumière verte doit être tournée du côté des trains arrivants et la lumière blanche du côté de la station.

3° Les mâts de signaux à disques devront fonctionner jour et nuit sans interruption.

4° Toutes les fois que les voies seront encombrées, soit par la présence d'un train, soit par des manœuvres, soit par toute autre cause, on devra immédiatement faire donner par le disque le signal d'arrêt, et le maintenir jusqu'à ce que les voies soient libres.

5° Après le passage d'un train ou d'une machine, les disques devront être mis au signal d'arrêt et y être maintenus pendant 10 minutes.

Sont seules exceptées de cette mesure, les stations d'Arles, Avignon, Orange, Valence et Vienne, où tous les trains et machines s'arrêtent. Ces stations devront signaler la voie libre dès que les trains ou machines auront quitté leur station, et faire faire le signal d'arrêt à la main sur les trottoirs.

6° *Il est rappelé que la pose des signaux à disques n'est qu'un surcroît de précaution et que leur emploi ne dispense pas les stations de faire à la main tous les signaux prescrits par les règlements.*

7° Chaque jour et à plusieurs reprises, on devra s'assurer que les disques fonctionnent bien.

Les employés chargés de les manœuvrer doivent avoir le soin de ne pas lever ou baisser brusquement les leviers.

En cas de rupture de fil les chefs de station devront prévenir immédiatement le brigadier poseur de leur canton qui est chargé de le réparer.

8° L'éclairage des mâts de signaux à disques devra être l'objet d'une attention toute spéciale. Des rondes fréquentes devront être faites la nuit par l'employé de service, pour s'assurer que les lanternes ne sont pas éteintes. Cette précaution est surtout indispensable dans les stations où les disques sont placés de façon à ne pouvoir être aperçus de la station.

9° Les lanternes des mâts de signaux à disques seront allumées dès le coucher du soleil ; en temps de brouillard, on devra les allumer également.

Les chefs de station devront veiller avec le plus grand soin à l'entretien et à la manœuvre de ces appareils ; les conséquences qui peuvent résulter d'une négligence dans cette partie de leur service sont beaucoup trop graves pour qu'ils n'y portent pas toute leur attention.

Le 31 Octobre 1855.

N° 360.

Instructions relatives au service télégraphique.

Le Service Télégraphique va déplorablement mal. Les dépêches sont transmises avec beaucoup de lenteur, elles arrivent à destination incomplètes ou tronquées, et quelquefois restent en route et ne parviennent pas aux postes destinataires.

Les employés perdent leur temps en conversations inutiles, s'impatientent, se disent des injures et mettent du mauvais vouloir à recevoir les dépêches.

Cet état de choses ne peut durer.

Les employés de la Compagnie attachés aux postes télégraphiques sont prévenus que les punitions les plus sévères atteindront ceux qui auront apporté la moindre négligence dans leur service.

Les procès verbaux sont rédigés avec très-peu de soin et il ne doit plus en être ainsi à l'avenir.

Toutes les dépêches, quelqu'insignifiantes qu'elles puissent paraître, doivent y être transcrites.

Toutes les observations expliquant les retards éprouvés dans la transmission des dépêches devront y figurer.

Afin d'apporter plus d'activité dans le service, la transmission des dépêches se fera comme suit, à l'avenir :

Marseille ..... Transmettra *directement* à Arles, Tarascon, Avignon, Orange, Montélimar et Valence, toutes les dépêches qu'il aura pour ces stations, et à Valence celles destinées aux postes situés au-delà de Valence.

Arles .... Transmettra *directement* à Marseille, Tarascon, Avignon, Orange, Montélimar et Valence, les dépêches qu'il aura pour ces stations.

Il transmettra *directement* à Valence toutes celles qu'il aura pour les stations au-delà de Valence.

Tarascon ..... Transmettra *directement* à Marseille, Arles, Avignon, Orange, Montélimar et Valence les dépêches qu'il aura pour ces stations.

Il transmettra *directement* à Valence toutes les dépêches qu'il aura pour les stations situées au-delà de Valence.

Avignon ...... Transmettra *directement* à Marseille, Arles, Tarascon, Orange, Montélimar et Valence, les dépêches qu'il aura pour ces stations.

Il transmettra *directement* à Valence toutes celles à destination des postes situés au-delà de Valence.

Orange .... Transmettra *directement* à Marseille, Arles, Tarascon, Avignon, Montélimar et Valence, les dépêches qu'il aura pour ces stations.

Il transmettra *directement* à Valence toutes celles à destination des postes situés au-delà de Valence.

Montélimar. ... Transmettra *directement* à Marseille, Arles, Tarascon, Avignon, Orange et Valence les dépêches qu'il aura pour ces stations, et transmettra à Valence toutes les dépêches pour les postes situés entre Valence et Lyon.

Valence. ...... Transmettra *directement* ses dépêches à tous les postes de la ligne.

Tain......... Transmettra *directement* toutes les dépêches qu'il aura pour le haut de la ligne, et donnera à Valence toutes celles qu'il aura pour Valence ou pour les stations situées entre Valence et Marseille.

St.-Rambert ... Ne pourra passer des dépêches qu'à Vienne ou à Tain.

Vienne....... Transmettra *directement* toutes les dépêches qu'il aura pour les postes situés entre Valence et Lyon ; il donnera à Valence toutes celles destinées aux postes situés entre Valence et Marseille.

Lyon........ Passera *directement* toutes les dépêches destinées aux postes situés entre Valence et Lyon.

Il donnera à Valence toutes les dépêches destinées aux postes situés entre Valence et Marseille.

L'Estaque...... Transmettra toutes ses dépêches soit à Marseille, soit au Pas des Lanciers.

Pas des Lanciers Transmettra toutes ses dépêches à Rognac ou à l'Estaque.

Rognac....... Transmettra toutes ses dépêches à St-Chamas ou au Pas des Lanciers.

St.-Chamas.... Transmettra toutes ses dépêches à Arles ou à Rognac.

Sous aucun prétexte l'Estaque et le Pas des Lanciers ne devront se retirer du circuit pour donner la communication directe. Il est indispensable que ces 2 postes soient toujours en correspondance.

La Croisière ...
Loriol .... } Seront toujours hors du circuit et n'y rentreront que quand besoin sera.

Lorsque, par un dérangement quelconque, par suite de l'humidité ou toute autre cause, un poste ne pourra transmettre ses dépêches au poste auquel il doit les transmettre, les postes intermédiaires devront les recevoir immédiatement sans aucune observation.

Le mode employé actuellement pour demander la communication directe est vicieux et entraîne beaucoup de perte de temps.

Voici comme on devra procéder à l'avenir :

Le poste qui voudra demander la communication directe attaquera le poste le plus voisin et lui demandera la communication pour le poste auquel il désire transmettre. Le poste attaqué répondra par un tour complet et attaquera à son tour le poste voisin en lui donnant les indicatifs du poste qui demande la communication et de celui pour lequel la communication est demandée.

Le premier poste attaqué ne se retirera du circuit que lorsque le poste voisin lui aura répondu.

Cette demande se transmettra ainsi de poste en poste jusqu'au poste pour lequel la communication est demandée.

Si un des postes situés entre le point qui demande la communication et celui pour lequel la communication est demandée ne répond pas immédiatement, le dernier poste attaqué devra recevoir les dépêches et les transmettre dès qu'il le pourra.

Ainsi, par exemple :

Marseille a une dépêche à transmettre à Valence, il attaque Arles, se nomme et lui dit :

C. D. 14.1. 14.15. 10 minutes (*Marseille demande la communication avec Valence pour 10 minutes*), Arles répond par un tour, et attaque Tarascon et lui dit :

Arles C. D. 14.1.14.15. 10 minutes.

Tarascon répond par un tour, et Arles se met en communication.

Tarascon attaque Avignon et lui dit :

Tarascon C. D. 14.1.14.15. 10 minutes.

Avignon fait un tour, et Tarascon se met en communication.

Avignon attaque Orange en lui disant :

Avignon C. D. 14. 1. 14. 15. 10 minutes.

Si Orange ne répond pas immédiatement, Avignon doit dire à Marseille avec lequel il se trouve naturellement en communication : « Donnez vos dépêches. » Il reçoit les dépêches et les transmet aussitôt que possible.

A cette occasion il est rappelé à tout employé que toutes les fois qu'il est attaqué et qu'il est en train de passer ou de recevoir une dépêche, il doit interrompre son travail pour répondre au poste attaquant :

A T, c'est-à-dire attente.

Les bureaux mixtes devront, lorsqu'ils seront attaqués et qu'ils seront en train de travailler, répondre :

A T E. Attente je travaille pour l'État, mais je vous donne la communication directe pour la Compagnie.

A T C. Attente je travaille pour la Compagnie.

Il est également rappelé que *tous les employés de la Compagnie* doivent prêter aide et assistance à tous les employés du Télégraphe.

Dans les stations où cela est nécessaire ils doivent désigner aux surveillants un endroit convenable pour y déposer les fils, cloches, etc., etc., qu'ils gardent en approvisionnement.

Ils doivent montrer à MM. les Directeurs et Inspecteurs des lignes télégraphiques, toute la déférence qui leur est due, leur communiquer sur leur demande tous les registres, procès verbaux du service télégraphique, et se mettre entièrement à leur disposition pour leur faciliter la surveillance qu'ils ont le droit d'exercer sur cette partie du service.

Le 31 Octobre 1855.

N° 366.

Distribution des circulaires et ordres de service.

Afin d'éviter les conséquences graves qui pourraient résulter de la non remise à une station d'une circulaire émanant du mouvement, ou d'un ordre de service, la distribution des circulaires et ordres de service se fera à l'avenir comme suit :

Les circulaires ou ordres de service seront remis au chef du train qui devra les porter à destination, accompagnés d'une feuille spéciale de distribution énonçant le nom de toutes les stations auxquelles seront adressées ces circulaires.

Les chefs de trains en recevant cette feuille, s'assureront que le nombre des circulaires qui leur est remis est égal au nombre des stations auxquelles elles doivent être délivrées.

L'acceptation par le chef de train de la feuille de distribution sera la preuve qu'il aura reçu le nombre de circulaires qui y est mentionné.

Chaque chef de station devra, en recevant les circulaires des mains du chef de train, émarger la feuille de distribution qui sera renvoyée, après le parcours, par les soins du chef de train qui la signera, au chef du mouvement à Marseille.

Le 3 Novembre 1855.

N° 426.

Recommandations au sujet de l'attelage des trains.

Depuis quelque temps, beaucoup de ressorts de traction de waggous K ont été brisés par suite du peu de soin qui est porté à l'attelage.

Il faut toujours avoir le soin, quand on attèle des waggons K, de bien tenir les écrous à égale distance des vis, et de serrer fortement les tendeurs pour laisser moins de jeu aux waggons.

A cette occasion, il est rappelé que, généralement, les ressorts de traction des voitures des trains des voyageurs, ne sont pas assez serrés; il en résulte des cahotements fort incommodes pour les voyageurs.

Les chefs des stations de départ doivent surveiller avec soin l'attelage des trains qui se forment chez eux, et les chefs des statations intermédiaires doivent, au passage des trains, faire vérifier les attelages.

Il est aussi expressément défendu de laisser jamais pendre ou traîner les chaînes d'attelage des waggons à marchandises ou des voitures à voyageurs, même pendant des manœuvres de gare; les chaînes qui ne sont pas nécessaires à l'attelage doivent être accrochées de manière à éviter qu'elles tombent ras de terre. Cette précaution est indispensable pour éviter des accidents.

Le 26 Décembre 1855.

N° 437.

Instructions relatives au Service Télégraphique.

A partir du 20 Janvier, le service télégraphique de la ligne de MARSEILLE à LYON, se fera au moyen de 2 fils.

Un fil direct.

Un fil omnibus.

Le fil direct desservira les postes de :

Marseille. **Orange.**
Arles. **Valence.**
Tarascon. **Lyon.**

Le fil omnibus desservira :

Marseille. **Arles.** **Pierrelatte.** **St.-Rambert.**
L'Estaque. **Tarascon.** **Montélimar.** **Vienne.**
Le Pas des Lanciers. **Avignon.** **Loriol.** **Lyon.**
Rognac. **Orange.** **Valence.**
St.-Chamas. **La Croisière.** **Tain.**

Le fil direct ne desservira ORANGE que dans le cas où le fil omnibus serait brisé : en temps ordinaire, ORANGE ne se servira jamais de ce fil, et se mettra toujours sur la communication de façon que TARASCON soit toujours en rapport avec VALENCE.

Les postes de LA CROISIÈRE, PIERRELATTE et LORIOL, se tiendront toujours hors du circuit; ils n'y entreront que lorsqu'ils auront des dépêches à passer.

Le service de chaque poste sera fait comme suit :

Marseille,

Service de jour et de nuit.

Ce poste transmettra **directement** à ARLES, TARASCON, AVIGNON, ORANGE et à VALENCE, les dépêches qu'il aura pour ces stations.

Il transmettra à VALENCE, toutes les dépêches qu'il aura pour MONTÉLIMAR, et pour les postes au-délà de VALENCE.

Il transmettra à l'ESTAQUE les dépêches pour l'ESTAQUE, PAS DES LANCIERS, ROGNAC; celles pour St.-CHAMAS, seront transmises à ARLES.

L'Estaque,

Service de jour et de nuit,

Transmettra toutes ses dépêches aux postes voisins.

Sous aucun prétexte l'ESTAQUE ne devra donner la communication **directe** et se retirer du circuit.

Pas des Lanciers,

Service de jour et de nuit,

Transmettra toutes ses dépêches aux postes voisins.

Sous aucun prétexte le Pas des Lanciers ne devra donner la communication **directe** et se retirer du circuit.

Rognac.

Le service commencera à 6 heures du matin et durera jusqu'à 10 heures du soir.

De 10 heures du soir à 6 heures du matin, les commutateurs seront placés sur les sonneries. En cas d'attaque, si l'Employé de service de nuit ne sait pas manipuler, il ira éveiller le chef de station.

Rognac passera toutes ses dépêches aux postes voisins.

St.-Chamas,

Service de jour et de nuit,

Transmettra ses dépêches aux postes voisins.

Les dépêches de St.-Chamas pour Marseille seront transmises par St.-Chamas à Arles.

Arles,

Service de jour et de nuit.

Ce poste transmettra **directement** à Marseille, Tarascon, Avignon, Orange et Valence, les dépêches qu'il y aura pour ces stations.

Il transmettra **directement** à Valence les dépêches à destination de Montélimar et des postes situés au-delà de Valence.

Il transmettra à St.-Chamas les dépêches pour les postes situés entre Arles et Marseille.

Tarascon,

Service de jour et de nuit.

Ce poste transmettra **directement** à Marseille, Arles, Avignon, Orange et Valence, les dépêches qu'il aura pour ces stations.

Il transmettra également à Valence, les dépêches pour Montélimar, et celles à destination des postes situés au-delà de Valence.

Avignon,

Service de jour et de nuit.

Ce poste transmettra **directement** à Marseille, Arles, Tarascon, Orange, Montélimar et Valence, les dépêches qu'il aura pour ces stations.

Il transmettra **directement** à Valence toutes celles à destination des postes situés au-delà de Valence.

Orange,

Service de jour et de nuit.

Ce poste transmettra **directement** à Marseille, Arles, Tarascon, Avignon, Montélimar et Valence les dépêches qu'il aura pour ces stations.

Il transmettra **directement** à Valence toutes celles à destination des postes situés au-delà de Valence.

Il est interdit au poste d'Orange de se servir du fil direct à moins que le fil omnibus ne soit brisé ; il devra toujours laisser Valence et Tarascon en communication par le fil direct.

La Croisière, Pierrelatte,

Seront toujours hors du circuit et n'y entreront que quand besoin sera, ils passeront leurs dépêches aux postes voisins.

Montélimar,

Service de jour et de nuit.

Ce poste transmettra à Valence toutes les dépêches à destination de Marseille, de Tarascon et d'Arles, ou des stations situées au-delà de Valence.

Il transmettra **directement** à Orange et Avignon les dépêches qu'il aura pour ces stations.

Loriol

Sera toujours hors du circuit et n'y entrera que quand besoin sera ; il passera ses dépêches aux postes voisins.

Valence,

Service de jour et nuit,

Transmettra **directement** ses dépêches à tous les postes de la ligne.

Tain,

Service de jour et de nuit,

Transmettra **directement** toutes les dépêches qu'il aura pour le haut de la ligne et donnera à Valence toutes celles qu'il aura pour Valence ou les stations situées entre Valence et Marseille.

St.-Rambert,

Service de jour et de nuit,

Ne pourra passer ses dépêches qu'à VIENNE ou à TAIN.

Vienne,

Service de jour et de nuit,

Transmettra **directement** toutes les dépêches qu'il aura pour les postes situés entre VALENCE et LYON ; il donnera à VALENCE toutes celles destinées aux postes situés entre VALENCE et MARSEILLE

Lyon,

Service de jour et de nuit,

Passera **directement** toutes les dépêches destinées aux postes situés entre VALENCE et LYON.

Il donnera à VALENCE toutes celles destinées aux postes situés entre VALENCE et MARSEILLE.

A cette occasion, il est rappelé que lorsque, par un dérangement quelconque, par suite de l'humidité ou de toute autre cause, un poste ne pourra transmettre ses dépêches au poste auquel il doit les transmettre, les postes intermédiaires devront les recevoir immédiatement *sans aucune observation.*

Le poste de PIERRELATTE, nouvellement créé, sera désigné par l'indicatif 14.21.

Le 18 Janvier 1856.

N° 438.

Avis à donner au public lorsque les trains ont une heure de retard.

L'Ordre de Service n° 603 de M. le Directeur de l'Exploitation, est complété par les instructions suivantes :

Dès qu'un chef de station sera avisé qu'un train de voyageurs a plus *d'une heure* de retard, il devra placarder dans le vestibule de sa station un avis aux public, pour lui annoncer ce retard.

Cet avis sera donné sur les imprimés joints à la présente.

Le public devra être en même temps prévenu verbalement par les employés, que le train peut regagner par sa marche une partie de son retard.

Lorsqu'un avis de retard de plus *d'une heure* parviendra dans une station située dans une Préfecture, le chef de la station en avisera immédiatement le Préfet *par écrit.*

Le 6 Février 1856.

N° 440.

Création des facteurs surveillants.

A partir du 1er mars, il sera créé des facteurs surveillants. Ces employés prendront le titre de facteurs.

Les facteurs seront employés à la surveillance, à la police des cours, vestibules, salles d'attente, trottoirs, voie des stations de voyageurs, au contrôle des billets à la sortie, à faire les signaux.

Ils seront également chargés de peser, ficher les bagages, d'entretenir les salles d'attente, bureaux et coopéreront au chargement des colis bagages messagerie.

En cas de besoin, ils devront faire la distribution des billets, l'enregistrement des bagages, les écritures du mouvement, etc. etc.

Les facteurs devront connaître dans tous les détails les règlements et instructions relatifs aux services des gardes-lignes, gardes-barrières, gardes-aiguilleurs et gardes-signaux, les règlements pour les services des signaux, et la garde des passages à niveau.

Ils seront assermentés et dresseront procès verbal des contraventions ou délits commis dans les stations.

Le jour de leur entrée en fonction ils devront signer une déclaration portant qu'ils ont pleine et entière connaissance de tous les règlements et instructions nécessaires à leur service.

Le traitement des facteurs est fixé à F. 90 par mois, plus F. 5 par mois pour la masse d'habillement.

Ils porteront l'uniforme suivant :

Pantalon, drap bleu,

Gilet, drap bleu,

Veste, drap bleu avec 2 locomotives au collet.

Casquette forme prussienne drap bleu, avec large galon rouge, et initiales L L M.

La masse d'habillement est fixée à F 80.

Pendant les intervalles des trains ils seront autorisés à porter la blouse bleue avec liseré rouge.

Par suite de la création de cette nouvelle sorte d'employés, les emplois de basculeurs, facteurs de salle, sont supprimés.

Les hommes exclusivement employés aux manœuvres, chargements de bagages et des colis de messagerie prendront le titre de hommes d'équipe.

Les gardes-freins, receveurs et facteurs chefs, pourront être recrutés parmi les facteurs.

Le 13 Février 1856.

N° 450.

Couleurs des fiches de bagages.

A dater du 5 mars, les feuilles de route et les bulletins des bagages remis aux voyageurs seront de la même couleur que les fiches apposées sur les bagages.

La couleur BLANCHE sera affectée aux bagages expédiés sur la rive gauche et à ceux destinés à la ligne de PARIS à LYON.

» **JAUNE** sera affectée aux bagages à destination de la ligne de BEAUCAIRE à CETTE.

» **BLEUE** sera affectée aux bagages expédiés sur la ligne de NIMES à ALAIS et les MINES.

Les Stations qui ne sont pas pourvues des imprimés nécessaires, devront en faire immédiatement la demande au contrôle.

Les chefs de train et gardes-freins devront s'appliquer à connaître les distinctions de couleurs précitées, qui leur faciliteront beaucoup le classement des colis dans les brakes et fourgons.

Le 4 Mars 1856.

N° 459.

Crics déposés dans les brakes.

La Circulaire N° 411 est annulée.

A dater du 20 courant, chaque brake de marchandises ou de voyageurs sera pourvu d'un jeu de crics qui lui sera spécialement affecté, et par suite le transbordement des crics d'un brake à l'autre n'aura plus lieu.

Les Chefs de train qui, conformément à la Circulaire n° 411, ont reçu des crics, les remettront *contre reçu* au Chef de la station où ils résident.

Les Chefs de station feront mettre un jeu de crics complet dans chacun des brakes qu'ils ont dans leur gare ; s'ils n'ont pas assez de crics pour garnir tous les brakes, ils en feront la demande au Chef du Mouvement ; s'ils ont un excédant de crics, ils l'enverront en messagerie au Chef de la station de Marseille.

Les stations de Marseille, Arles, Orange, Montélimar, Valence, Vienne et Lyon, devront toujours garder en réserve le nombre de crics mentionné par la Circulaire n° 411.

Le 15 Mars 1856.

N° 472.

Visa des permis de circulation.

Les employés porteurs de permis se croient dispensés de l'obligation commune à tous les voyageurs d'entrer dans les salles d'attente des stations, pour y attendre l'heure de monter en voiture. Ils circulent sur les trottoirs ou dans l'intérieur des bureaux, ce qui entrave le service et met les Chefs de station et Receveurs dans l'impossibilité de viser les permis, ainsi que le prescrit l'ordre de service n° 613.

Il est donc rappelé que tous les porteurs de permis doivent être considérés comme des voyageurs ordinaires, qu'ils ne sont pas autorisés à circuler sur les trottoirs, et qu'ils doivent attendre dans les salles d'attente l'heure du départ.

Il est de plus rappelé que tous les permis valables pour un voyage ou pour aller et retour, doivent être présentés par les personnes qui en sont porteurs au Receveur de la station de départ, afin qu'ils soient timbrés et visés.

Les facteurs ou gardes, qui sont de service à l'entrée des salles d'attente, ne doivent pas y laisser pénétrer les personnes porteurs des permis précités, sans qu'ils soient timbrés et visés.

Toute négligence sera sévèrement punie.

Tout employé qui, porteur d'un permis, ne l'aura pas fait viser et timbrer au départ, sera tenu de payer sa place à l'arrivée, à défaut de quoi le montant en sera retenu sur ses appointements.

Le 31 Mars 1856.

N° 475.

Instructions relatives aux dépêches télégraphiques.

Il est rappelé aux chefs de stations, et à tous les employés en général, qu'ils ne doivent se servir du télégraphe que dans les cas urgents.

Les dépêches doivent être aussi concises que possible, et les mots inutiles doivent être rigoureusement supprimés.

Tout avis relatif à des colis non enregistrés, oubliés dans les voitures, ou dans les stations, à des erreurs ou pertes d'argent, faites par les voyageurs, ou à des faits qui ne sont pas entièrement du service de la Compagnie, ne peut être transmis par le télégraphe.

Toutes les dépêches dont l'urgence et la nécessité ne sont pas bien constatées, étant taxées par l'administration télégraphique, le montant des taxes sera mis à la charge des signataires des dépêches.

Les stationnaires et employés du télégraphe devront à l'avenir, sur les rapports qu'ils envoient au Chef du Mouvement, mettre une observation en regard des dépêches qui ne leur paraîtront pas remplir les conditions exigées par la présente.

Le 1er Avril 1856.

N° 489.

Magasinage des Bagages.

A l'avenir, pour tout bagage déposé par les voyageurs dans les gares, avant le départ ou après l'arrivée des trains, il sera perçu :

5 centimes par colis et par fraction indivisible de 24 heures, avec **minimum** de perception de **10 centimes.**

Au moment du dépôt, on devra remettre au voyageur un bulletin extrait d'un registre à souche et constatant son nom, le nombre et la désignation de ses colis, le jour et l'heure du dépôt.

Lorsque les bagages seront réclamés par le voyageur, on devra retirer le bulletin qui lui aura été remis et porter la taxe sur le bulletin et sur la souche, avant de percevoir.

Seront exempts de tout droit de dépôt, les bagages des voyageurs qui sont forcés de s'arrêter dans les gares de bifurcation, pour attendre le départ du *premier* train qui doit les conduire à destination.

Les stations seront pourvues de livrets à souche par les soins du Contrôle.

Le produit des magasinages devra être porté au débit de la liquidation du facteur-chef des bagages.

Le 10 Avril 1856.

N° 504.

Entretien et allumage des lanternes des machines et des trains.

A dater du 1er mai 1856, les stations n'auront plus à garnir, entretenir et allumer les *lanternes d'avant-train.* Ces lanternes seront confiées aux machinistes qui auront à les garnir, entretenir et allumer, suivant les instructions qui leur seront données par leur chef direct.

Il en sera de même pour les *lanternes vertes* qui servent de troisième feu d'avant aux trains de marchandises, et des *lanternes rouges* qui servent de feu d'arrière aux machines isolées.

En conséquence, le 30 avril au soir toutes les lanternes précitées devront être remises par les chefs des stations aux chefs des dépôts de machines qui leur en donneront reçu : les stations qui n'ont pas de dépôt de machines et qui auront en leur possession des lanternes de cette espèce, devront les envoyer en messagerie au chef de la station d'Arles qui en fera remise au chef du dépôt des machines d'Arles.

Toutes les stations noteront sur leur rapport du 1er Mai, toutes les lanternes remises aux chefs de dépôt ou renvoyées en messagerie à Arles.

Néanmoins et afin de parer au besoin du service, les stations de

ROGNAC,
St.-CHAMAS,
AVIGNON,
LA CROISIÈRE,
LORIOL,
TAIN,
CHASSE,

conserveront chacune 2 lanternes d'avant-train.

Ces lanternes devront toujours être prêtes à faire service, et seront remises aux machinistes qui auraient oublié ou perdu leurs lanternes.

Toutes les fois que ce cas se présentera, les stations devront le consigner sur leur rapport, en mentionnant le nom du machiniste à qui la remise aura été faite.

Par suite de ce nouveau mode de procéder, les stations n'auront donc plus à s'occuper que des feux intérieurs des trains et des feux d'arrière.

Il est rappelé que chaque train, quelle que soit l'heure de son départ, quel que soit le trajet qu'il ait à faire, doit partir avec ses feux d'arrière prêts à être allumés. Les lanternes intérieures doivent toujours être garnies avant le départ.

Les chefs de station sont responsables de cette partie du service.

Comme les points où les trains doivent être éclairés varient constamment, il est impossible de préciser les stations qui devront allumer les feux.

En conséquence, les chefs de train sont rendus responsables de l'éclairage en temps voulu des feux intérieurs et d'arrière de leur train.

Chaque train étant toujours pourvu de ses lanternes, l'éclairage peut être fait à la rigueur dans toutes les stations, mais de préférence les chefs de train le feront faire dans une des stations suivantes :

Marseille, Rognac, St.-Chamas, Arles, Avignon, Orange, Montélimar, Valence, Tain, Vienne, Chasse et Lyon.

Les chefs de train auront donc à calculer à laquelle des stations précitées les feux doivent être allumés, afin de ne jamais être surpris par la nuit.

Dès qu'un chef de train demandera que son train soit éclairé, le chef de station devra faire faire cette opération, par ses lampistes ou à défaut par un homme d'équipe.

Il est rappelé aux chefs de train que tous les trains doivent être éclairés complétement à l'intérieur et à l'extérieur, au passage des souterrains de la Nerthe et de Vienne, de jour et de nuit.

Comme pendant le passage de jour des souterrains de Valence, Serves et des Roches, les feux d'arrière ne seront pas allumés à cause du peu de longueur de ces souterrains, les chefs de train auront le soin de mettre comme feu d'arrière leur lanterne à main tournée au feu rouge.

Si les feux d'arrière d'un train viennent à s'éteindre, le chef de train devra aussitôt mettre sa lanterne à main *feu rouge* à l'arrière jusqu'à ce que les feux soient remis en état.

Tout chef de train dont le train ne sera pas éclairé à l'intérieur et à l'arrière la nuit et au passage des souterrains, sera puni et responsable des conséquences de sa négligence.

Sera également puni, tout chef de train qui, la nuit ou au passage d'un souterrain, sera surpris sans avoir sa lanterne à main allumée.

Les stations devront mentionner avec soin sur leur rapport les trains dont les deux lanternes d'avant ne seront pas allumées, la nuit ou au passage des souterrains de la Nerthe, Valence, Serves, Les Roches et Vienne.

Le 22 Avril 1856.

N° 537.

Instructions relatives aux transports sur réquisitions.

Les transports faits sur réquisitions exigent beaucoup de ponctualité dans la régularisation des pièces comptables en vertu desquelles ces transports sont faits.

La moindre irrégularité dans les pièces comptables entraînant le refus de paiement du transport, les chefs de station doivent apporter dans cette partie de leur service la plus grande exactitude.

Il est donc rappelé :

1° Que les réquisitions signées par les ayants droit doivent être **en double expédition** si les transports sont faits pour le compte du **Ministre de la guerre ou de la marine, et en simple expédition** pour tous les autres transports.

2° Que *chaque expédition* doit porter :

1° L'état de l'effectif à transporter ;

2° Le visa au départ signé par le commandant du détachement ou par le chef d'escorte constatant, **en toutes lettres**, le détail de l'effectif partant et la date du départ ;

3° Le certificat d'arrivée signé par le commandant du détachement ou par le chef d'escorte constatant, **en toutes lettres**, le détail de l'effectif arrivé et la date de l'arrivée ;

4° Le visa au départ signé par le Chef de station de départ ;

5° Le visa à l'arrivée signé par le Chef de station d'arrivée ;

3° Que le bulletin accompagnant la réquisition et qui est dressé sur les imprimés de la Compagnie doit porter :

1° Le détail de l'effectif transporté, approuvé par le commandant du détachement ou le chef d'escorte;

2° Le certificat de bonne arrivée signé par le commandant du detachement ou le chef d'escorte;

3° La signature du chef de la station de départ ;

4° La signature du chef de la station d'arrivée.

Il est très-essentiel que ces prescriptions soient rigoureusement suivies.

Toute inexactitude sera punie très-sévèrement.

Le 16 Mai 1856.

N° 771.

Ordre de dresser un rapport sur les services de correspondances.

Les chefs de stations et leur personnel s'occupent en général fort peu des services de correspondances qui viennent aboutir à leur station. Par suite de cette ignorance, ils se trouvent dans l'impossibilité de renseigner les voyageurs qui désirent continuer leur route par les voitures de correspondances.

Cet état de choses ne peut durer.

Les chefs de station devront donc à l'avenir étudier avec soin les services de correspondances, non-seulement ceux qui aboutissent à leur station, mais encore tous ceux qui s'effectuent sur le réseau. Ils devront être parfaitement au courant des localités desservies, des heures de départ et d'arrivée, du prix des places, des temps de parcours. Ils auront à veiller avec soin à ce que leur personnel, surtout les receveurs et facteurs-chefs, soient parfaitement au courant de cette partie du service, qui a été beaucoup trop négligée jusqu'à présent.

Tous les renseignements demandés par les voyageurs, sur les correspondances, devront être donnés avec la plus grande complaisance et avec la plus grande politesse.

Des punitions sévères seront infligées aux employés qui, par ignorance ou mauvais vouloir, ne pourront renseigner le public d'une façon convenable.

Chaque jour un rapport détaillé sur le service des correspondances sera adressé au Chef du mouvement avec le rapport ordinaire par les stations auxquelles viennent aboutir des services de correspondances.

Ces rapports seront dresssés sur l'imprimé dont un exemplaire est joint à la présente.

Le 8 Août 1856.

N° 803.

Instructions et consignes que doivent posséder les employés.

Les chefs de station se préoccupent, en général, fort peu de savoir si les employés qui sont sous leurs ordres sont munis des règlements et instructions qu'ils doivent nécessairement connaître pour faire leur service.

C'est une faute qui peut avoir des conséquences très-graves.

Le devoir d'un chef de station est de s'assurer que ses employés sont au courant de ce qu'ils ont à faire, et qu'ils sont à même de remplir le poste qui leur est confié par la possession et la parfaite connaissance des règlements.

A l'avenir, dans chaque station, il sera tenu un registre sur lequel chaque employé de la station sera tenu de signer une déclaration constatant qu'il a reçu les règlements et instructions nécessaires à l'accomplissement de son service et qu'il a pleine et entière connaissance de leur contenu. Un exemplaire du registre est joint à la présente.

Tout employé arrivant à une station devra faire cette déclaration quand bien même il l'aurait faite à une station à laquelle il aurait été précédemment attaché.

Voici les titres des employés qui seront tenus de faire cette déclaration, et les instructions et règlements dont chacun d'eux devra être muni.

Chef de station. — S.-chefs de gare. **Receveurs ffons de chefs de station.** **Facteurs-chefs id. id.**	Instructions de Chefs de station comprenant le Règlement des signaux, Intervalles à maintenir entre les trains, Règlements d'administration publique. — Instructions pour le service des Gardes. — Consignes relatives à la marche des trains. — Instructions relatives à l'emploi des signaux-pétards par les Agents des stations et les Gardes. — Instructions pour la comptabilité des stations. Tarifs nos 1 et 2.
Receveurs, Aide-Receveurs, **Facteurs-chefs, Aide-Facteurs-chefs,** **Contrôleurs de route,** **Id. à l'arrivée.**	Instructions pour le service des Gardes, Règlement des signaux et d'administration publique. — Instructions relatives à l'emploi des signaux-pétards par les Agents des stations et les Gardes. — Instructions pour la comptabilité des stations. Tarif nos 1 et 2.
Facteurs-surveillants, Gardes, **Chefs d'équipe.**	Instructions pour le service des Gardes, Règlement des signaux, Règlement d'administration publique. — Instructions relatives à l'emploi des signaux-pétards par les Agents des stations, Gardes-lignes et Gardes-barrières.

Les Chefs de train principaux et Gardes-chefs recevront également des registres sur lesquels les employés sous leurs ordres auront à faire les déclarations prescrites par la présente.

Les Chefs de train, Gardes-freins et Gardes devront être munis des instructions suivantes :

Les Chefs de train et Gardes-freins.	Instructions pour le service des Chefs de train et Gardes-freins, Règlement des signaux, Règlement d'administration publique. — Consignes relatives à la marche des trains. — Instructions relatives à l'emploi des signaux-pétards par les chefs de train.
Gardes.....................	Instructions pour le service des Gardes, Règlement des signaux, Règlement d'administration publique. — Instructions relatives à l'emploi des signaux-pétards par les Gardes-lignes, Gardes-barrières et Employés des stations.

Les Chefs de station, Chefs de train principaux et Gardes-Chefs devront faire au Chef du Mouvement la demande des instructions, règlements ou consignes dont ils auront besoin pour leur personnel.

Le 21 Août 1856.

N° 937.

Places de Coupé.

A partir du 1er octobre 1856, les places de coupé des voitures de 1re classe sont considérées comme places de luxe.

Elles sont mises à la disposition des voyageurs moyennant une augmentation de prix calculée comme suit, en sus du prix de la 1re classe :

F. 2 50 par place pour un parcours de 200 kilomètres et au-dessous.

F. 5 00 par place pour un parcours de plus de 200 kilomètres.

La Compagnie ne sera tenue de fournir aux voyageurs que le nombre de places de coupé disponibles dans les voitures composant les trains.

Elle ne sera pas tenue de placer des voitures à coupé dans tous les trains.

Il ne sera point délivré d'avance des places de coupé dans les stations intermédiaires.

Les voyageurs se rendant à une des statations des lignes de TARASCON à CETTE et de NÎMES à ALAIS, ne pourront retenir des places de coupé que jusqu'à TARASCON, station d'embranchement.

Le supplément de prix perçu pour les places de luxe est intégralement exigible des militaires et marins, et de toutes les personnes voyageant à moitié prix du tarif.

La perception du prix des places de coupé se fera par le receveur de la station. La constatation du paiement fait par le voyageur sera établie au moyen du mot *Coupé* qui sera apposé sur le billet du voyageur au moyen d'un timbre qui parviendra aux stations en même temps que la présente.

Le montant des places de coupé sera porté au débit de la station qui les aura délivrées *Perceptions supplémentaires et Contrôle à la sortie*, Récapitulation des produits.

Le Bordereau des perceptions supplémentaires du Contrôle à la sortie devra porter le détail des places de coupé délivrées par la station ; les receveurs devront en tenir note en conséquence.

Les bureaux de ville ne délivreront pas de places de coupé ; il n'en sera pas délivré non plus jusqu'à nouvel ordre pour les stations de la ligne de Paris.

Les voyageurs munis de billets pour la ligne de Paris ne pourront donc retenir leur place de coupé que jusqu'à Lyon.

Aux stations de départ, les chefs de station donneront une heure, avant le départ, à leur receveur, le nombre des places de coupé disponibles.

Dans les stations intermédiaires où on ne délivre pas d'avance des places de coupé, le chef de station, dès l'arrivée du train, verra le nombre de places de coupé disponibles, afin de pouvoir en délivrer aux personnes qui lui en feront la demande.

Les trains express seront les seuls qui contiendront des voitures à coupé.

Le 28 Septembre 1856.

N° 983.

Nombre de chevaux attribué aux officiers employés ressortissant au Ministère de la Guerre.

A l'avenir, les chefs de station se conformeront à l'État ci-joint pour la taxe du transport à prix réduit des chevaux appartenant aux officiers et employés militaires.

Les chevaux excédant le nombre attribué à chacun des officiers et employés seront taxés au tarif général.

ÉTAT indiquant le nombre de Chevaux attribué aux Officiers et Employés de tous grades.

Désignation des Armes et des Grades.		Nombre de Chevaux. Sur le pied de paix.	Nombre de Chevaux. Sur le pied de guerre.	Observations.
1° États-Majors et Employés Militaires.				
Etat-major général.	Maréchal de France	(1)	28	(1) Le Maréchal de France pourvu de fonctions dans l'intérieur a droit à un nombre de chevaux qui est déterminé par une décision spéciale.
	Général de Division	6	22	
	Général de Brigade	4	13	
Corps d'Etat-major.	Colonel	2	11	
	Lieutenant-Colonel	2	11	
	Chef d'Escadron	1	3	
	Capitaine	1	3	
	Lieutenant	1	3	
Intendance Militaire.	Intendant général Inspecteur	4	20	
	Intendant général d'armée	4	20	
	Intendant militaire	3	11	
	Sous-Intendant militaire	2	7	
	Adjoint à l'Intendance	1	3	
Etat-major des Places.	Colonel	»	3	
	Lieutenant-Colonel	»	3	
	Chef de Bataillon ou major de place	»	2	
	Capitaine	»	1	
Etat-major particulier de l'Artillerie.	Colonel	2	9	
	Lieutenant-Colonel	2	9	
	Chef d'Escadron	1	3	Les Chefs d'Escadron et les Capitaines qui remplissent les fonctions d'aides-de-camp, ont droit à 2 chevaux sur le pied de paix.
	Capitaine	»	3	
	Garde principal ou ordinaire	»	1	
Etat-major particulier du Génie.	Colonel	2	9	
	Lieutenant-Colonel	2	9	
	Chef de Bataillon	1	3	Les Chefs de Bataillon et les Capitaines employés comme aides-de-camp, sont montés de 2 chevaux sur le pied de paix.
	Capitaine	»	3	
	Lieutenant	»	2	
	Garde principal ou ordinaire	»	1	

Désignation des Armes et des Grades.		Nombre de Chevaux. Sur le pied de paix.	Nombre de Chevaux. Sur le pied de guerre.	Observations.
Etat-major des parcs de construction et des équipages Militaires.	Colonel	2	7	
	Lieutenant-Colonel	2	7	
	Chef d'Escadron	1	3	
	Capitaine	1	3	
	Lieutenant	1	2	
	Sous-Lieutenant	1	2	
	Garde principal ou ordinaire	»	1	
Officiers de santé.	Inspecteur	»	6	
	Principal	»	4	
	Major — Troupes à pied, hôpitaux et ambulances	»	3	
	Major — Troupes à cheval	2	3	
	Aide Major et Sous-aide — Troupes à pied, hôpitaux et ambulances	1	1	
	Aide Major et Sous-aide — Troupes à cheval	»	2	
Aumôniers.	Supérieur	»	3	
	Ordinaire	»	2	
Vétérinaires.	Principal	2	4	
	Vétérinaire et aide Vétérinaire	1	2	
Officiers d'administration	Principal	»	2	
	Officier d'Administration	»	1	
	Adjudant	»	1	
Trésorerie et Poste.	Payeur Général	»	20	
	Payeur Principal	»	7	
	Payeur Adjoint	»	4	
	Commis	»	2	
Télégraphie.	Directeur Principal	»	3	
	Inspecteur	»	2	
	Chef de Station	»	1	
Interprètes.	Principal	»	3	
	Ordinaire	»	2	

2° Corps de Troupe.

Infanterie.	Colonel	2	7	
	Lieutenant-Colonel	2	7	
	Chef de Bataillon ou Major	1	3	
	Capitaine adjudant major	»	1	
	Lieut[t]. ou sous Lieut[t] Officier payeur.	»	1	

Désignation des Armes et des Grades.		Nombre de Chevaux. Sur le pied de paix.	Nombre de Chevaux. Sur le pied de guerre.	Observations.
Cavalerie.	Colonel	3	9	
	Lieutenant-Colonel	3	8	
	Chef d'Escadron ou Major	2	4	
	Capitaine	2	3	
	Lieutenant ou sous-Lieutenant	1	2	
Artillerie.	Colonel	3	9	
	Lieutenant-Colonel	3	8	
	Chef d'Escadron ou Major	2	4	
	Capitaine	2	3	
	Lieutenant ou sous-Lieutenant	1	2	
Génie.	Colonel	2	8	
	Lieutenant-Colonel	2	8	
	Chef de Bataillon ou Major	1	4	
	Capitaine	»	3	
	Lieutenant ou sous-Lieutenant	»	2	
Equipages Militaires.	Colonel	3	7	
	Lieutenant-Colonel	3	7	
	Chef d'Escadron	2	4	
	Capitaine	2	3	
	Lieutenant ou sous-Lieutenant	1	2	
Gendarmerie.	Colonel	3	9	
	Lieutenant-Colonel	3	9	
	Chef d'Escadron	2	4	
	Capitaine { Commandant de Compagnie	2	4	
	Capitaine { Commandant d'Arrondissement	1	3	
	Lieutenant ou sous-Lieutenant	1	2	

Le 18 Octobre 1856.

N° 984.

Recommandations au personnel sur les précautions à prendre aux approches de la mauvaise saison.

Une circulaire ministérielle récente recommande aux Compagnies de redoubler de précautions, aux approches de la mauvaise saison, pour assurer la sécurité de la circulation.

A cette occasion, le Chef du Mouvement de la rive gauche fait un appel à tous les employés placés sous ses ordres, pour qu'ils redoublent de zèle et de ponctualité. —

La sécurité de la circulation dépend de l'observation rigoureuse des consignes qui leur ont été confiées, des instructions qui leur ont été données : ils doivent donc apporter nne attention et un soin constants à n'en oublier aucune, chacune de ces instructions ayant son importance relative.

La stricte observation des heures de départ et d'arrivée des trains, le maintien rigoureux des intervalles réglementaires entre les trains se succédant sur la même voie, la mesure de précaution élémentaire qui consiste à couvrir la voie toutes les fois qu'elle est embarrassée, telles sont les premières conditions de sécurité.

Ce sont ces conditions que tous les Employés doivent s'appliquer à remplir par un soin minutieux et intelligent dans la formation des trains, par la plus rigoureuse exactitude dans l'exécution des signaux de toute nature et par une obéissance passive à ces signaux.

La préparation d'un train implique une vérification minutieuse du graissage, de l'attelage, du bon conditionnement du chargement de chaque véhicule, du bon état du matériel, de l'éclairage des feux d'arrière et d'avant; et un nombre de waggons formant un poids total proportionné à la force de la machine et eu égard à l'état de l'atmosphère et aux rampes les plus fortes du trajet à parcourir, de telle sorte qu'à moins de dérangement imprévu, le train puisse être remorqué à la vitesse prescrite et arriver dans chaque station conformément à son itinéraire.

En route, machinistes et chefs de train ne doivent pas perdre de vue l'heure et le tableau de la marche des trains. Et en ce qui concerne les signaux, ils doivent apporter autant de soin et d'intelligence à les guetter et à s'y conformer immédiatement, que les gardes et autres agents de la ligne à les faire en temps utile.

Les machinistes ne sauraient se mettre trop souvent en rapport avec les Chefs de train, qui peuvent avoir, à un moment donné, des signaux à leur transmettre.

Il n'est pas un signal qui n'ait son importance : aussi doit-on, en toutes circonstances, leur obéir avec le plus scrupuleux empressement.

L'emploi des signaux-pétards, rendu obligatoire par les ordres de service nos 615, 616, 617, 618, 619 et 620, est de nouveau recommandé.

La manœuvre des mâts de signaux placés aux embranchements, celles des disques tournants aux abords des stations, l'éclairage surveillé des uns et des autres pendant la nuit et par les temps de brouillard, doivent être, pour les agents qui en sont chargés, l'objet constant de leur sollicitude.

Enfin, l'exacte surveillance des passages à niveau, la manœuvre intelligente des aiguilles, l'exécution la plus rigoureuse des consignes relatives à la marche des trains, la vérification régulière du bon état de la voie et, en particulier, des croisements, la visite fréquente des tranchées, en cas d'éboulements, et des remblais, après les pluies abondantes capables de les raviner, complètent la série de conditions d'où dépend la sécurité de la circulation.

Le Chef du mouvement compte que cet appel sera entendu. Il doit prévenir les Employés sous ses ordres que toute négligence sera désormais punie plus sévèrement que par le passé.

En terminant, il leur rappelle d'une manière plus particulière :

1° Que tout en apportant dans leurs fonctions tout le zèle et toute la vigilance que la Compagnie est en droit d'attendre d'eux, ils doivent agir, en toutes circonstances, avec sang-froid, présence d'esprit et prudence, afin d'éviter le retour d'accidents dont plusieurs d'entre eux ont été déjà victimes.

2° Que le service télégraphique, auxiliaire si précieux de l'exploitation, doit être l'objet d'une attention constante. — Il est nécessaire que les dépêches soient claires et concises ; leur longueur entrave le service et fatigue les employés sans utilité.

3° Qu'en temps de brouillard, le signal d'arrêt, doit être fait à 1,000 m. du point encombré, et, si le brouillard a lieu de jour, les lanternes-signaux doivent fonctionner comme pendant la nuit, indépendamment du drapeau et des signaux-pétards, s'il y a lieu de les employer.

4° Qu'en temps humide ou de verglas, on doit, avant le passage des trains sur les rampes de plus de 0 m. 004, où les machines sont exposées à patiner, sabler soigneusement les rails.

5° Que si, par une cause quelconque, les machinistes des trains de marchandises se trouvent trop chargés et demandent à être allégés, les chefs de train ne doivent pas hésiter à laisser dans la gare la plus voisine, capable de les recevoir, les waggons dont les machinistes demandent l'abandon en route.

6° Qu'enfin les chefs et sous-chefs de gare, chefs de train principaux et gardes-chefs, doivent s'assurer, par des rondes et des tournées fréquentes, de jour et de nuit, que tous les agents sous leurs ordres comprennent et exécutent ponctuellement les règlements et les consignes spéciales qui leur sont confiées.

Le 16 Octobre 1856.

N° 994.

Suppression de la gare de la Guillotière.

A partir du 10 novembre, la station de Lyon (Guillotière) sera supprimée et le point de départ et d'arrivée des trains de voyageurs de la Méditerranée, arrivant à Lyon ou en partant, sera la gare de Perrache. Le point de départ et d'arrivée des trains de marchandises de la Méditerranée, sera la gare de Lyon (Guillotière).

Les voies principales de la gare de la Guillotière seront placées sous la surveillance d'un chef de station ; ce chef de station aura sous ses ordres les gardes aiguilleurs, gardes-signaux et gardes-barrières situés depuis le passage à niveau de la Croix Barrée jusqu'à la tête du viaduc du Rhône.

Il s'assurera de la stricte exécution des consignes données aux différents postes relatives au parcours et au passage des trains ou machines sur les voies principales.

Aucun train de marchandises ne pourra partir de la Guillotière soit pour aller à Perrache, soit pour aller du côté de Vienne, sans que le chef de station ait donné le signal du départ.

Par suite de la suppression de la station de la Guillotière et du transfèrement du service à la gare de Perrache, la circulaire n° 960 est annulée. Tous les voyageurs soit à destination de Lyon, soit à destination d'une des stations de la ligne de Paris, descendront de voiture à la gare de Perrache. Réciproquement, tous les voyageurs partant de Lyon pour une des stations de la ligne de la Méditerranée, ou ceux venant de la ligne de Paris et allant sur la ligne de la Méditerranée, monteront en voiture à Perrache.

A partir du 10, il ne sera plus délivré de billets ni enregistré de bagages pour Lyon Guillotière; les voyageurs allant à Lyon devront recevoir un billet pour Lyon Perrache et leurs bagages seront fichés pour Lyon Perrache.

Le contrôle des trains se fera à Vienne pour les trains express, à St.-Fons pour les autres trains.

Le chargement et déchargement et les écritures des bagages des articles de messagerie, des voitures et des chevaux, expédiés en grande vitesse, d'un point quelconque de la ligne de la Méditerranée sur Lyon, ou de Lyon sur un point quelconque de la ligne de la Méditerranée, se feront également à la gare de Perrache.

Les stations seront pourvues en temps voulu des billets, fiches et tarifs nécessaires pour se conformer à la présente circulaire.

La présente circulaire est applicable aux trains 20 et 22 partant de Marseille le 9 au soir et qui, arrivant à Lyon le 10 au matin, aboutiront à la nouvelle gare de Perrache.

Le 7 Novembre 1856.

N° 996.

Distribution des billets et enregistrement des bagages pour la ligne de Paris.

Par suite de l'établissement du service de Perrache, la circulaire n° 959 devra être modifiée.

Billets.

Il sera toujours délivré des billets directs pour les diverses stations de la ligne de Paris énoncées dans ladite circulaire. Mais les billets pour Lyon (Vaise) qui étaient délivrés aux personnes partant d'une station de la Méditerranée ne délivrant pas de billets pour Paris, ou allant à une des stations de la ligne de Paris pour laquelle il n'est pas délivré de billets directs, seront supprimés, et à leur place on délivrera des billets pour Lyon (Perrache); c'est à Perrache que les voyageurs prendront un nouveau billet pour leur station définitive.

Coupés.

Rien n'est changé à la distribution des places de coupé jusqu'à Paris.

Bagages.

Les stations délivrant des billets directs pour la ligne de Paris à Lyon, continueront à enregistrer les bagages pour toutes les stations pour lesquelles elles délivrent des billets.

Mais toutes les fois qu'un voyageur désirera aller à une des stations de la ligne de Paris, pour laquelle il n'est pas délivré de billets, on enregistrera ses bagages pour Lyon Perrache ; de plus, on lui demandera quel est le nom de la station du Chemin de Paris à laquelle il veut aller, on inscrira ce nom en caractères très-apparents sur la fiche des bagages Lyon Perrache, et au dos du bulletin de bagages remis au voyageur. On le préviendra en même temps, qu'il devra, une fois arrivé à Perrache, prendre un billet pour sa destination définitive, et échanger son bulletin de bagages contre un bulletin portant pour destination sa station définitive.

Chiens, Voitures et Chevaux, Messagerie.

Rien ne sera changé à ce qui se fait aujourd'hui pour l'expédition des chiens, voitures et chevaux, et messagerie à destination de la ligne de Paris à Lyon.

Les trains de la Méditerranée en correspondance directe avec ceux de la ligne de Paris, tant à la remonte qu'à la descente seront toujours les mêmes que ceux qui existent actuellement.

Cette circulaire est applicable aux trains 20 et 22 partant de Marseille le 9 novembre au soir, et qui, arrivant à Lyon le 10 au matin, aboutiront à la nouvelle gare de Perrache.

Le 7 Novembre 1856.

N° 1027.

Rappel des Instructions relatives aux Bagages égarés.

Le service des **Bagages égarés** se fait depuis quelque temps avec une grande négligence.

Les bulletins ne sont pas renvoyés exactement à la station d'où ils sont partis, ou bien ils y reviennent sans porter les signatures de tous les chefs de station à qui ils ont dû être présentés.

Le bureau du Mouvement n'est presque jamais avisé de l'envoi de ces bulletins, et les chefs de station qui ont les colis réclamés ou *en plus*, omettent constamment de le prévenir.

De plus, quand les bulletins sont retournés sans résultats à la station expéditeur, celle-ci néglige de les adresser au bureau du Mouvement.

Tantôt les chefs de train ne présentent pas les bulletins à tous les chefs des stations où ils s'arrêtent; tantôt les chefs de station les signent précipitamment, sans prendre la peine de les lire et, une fois le train parti, ils cherchent dans leur station le colis réclamé, le trouvent et le renvoient par le train suivant.

Enfin, les dépêches pour bagage égaré à transmettre de poste en poste, qui sont toujours pressées, vu l'impatience du voyageur qui attend, restent souvent sans réponse ou se perdent en route.

Un pareil état de choses est trop préjudiciable aux intérêts de la Compagnie pour qu'il puisse être toléré plus long-temps.

A l'avenir, toute négligence, soit qu'elle vienne d'un chef de station, d'un chef de train ou d'un employé du télégraphe, sera sévèrement punie.

Indépendamment du nom de la station expéditeur, de la date et du numéro du train, les bulletins devront porter les noms des chefs de train à qui ils seront remis au départ et en route.

Les chefs de station sont particulièrement invités à faire apporter plus de soin dans le triage des bagages, avant le départ, afin qu'on ne place pas, par exemple, dans le fourgon d'avant, des colis qui doivent être chargés dans le brake d'arrière et réciproquement : ces fautes là sont impardonnables.

Si la reconnaissance était bien faite, comme cela est recommandé, lors du chargement, au départ, et lors de la livraison, à l'arrivée, jamais aucun bagage ne ferait fausse route, à moins d'une erreur dans le fichage. Mais, au moins, il ne s'en perdrait pas, et la Compagnie ne serait pas dans l'obligation d'en payer la valeur.

Désormais, pour tout bagage perdu et payé par la Compagnie, les employés fautifs seront recherchés et signalés à M. le Directeur de l'Exploitation.

Le 27 Novembre 1856.

N° 1030.

Permis délivrés aux Conducteurs de Bestiaux.

A partir du 1er décembre, le service du trafic délivrera aux conducteurs de chevaux, bêtes de trait et bestiaux, qui y auront droit, des permis spéciaux, les autorisant à voyager dans les trains de marchandises. Ces permis seront dressés sur l'imprimé joint à la présente et ne seront valables qu'autant qu'ils seront signés par le chef ou le sous-chef du trafic.

Ils ne donneront droit, sous aucun prétexte, à voyager dans les trains de voyageurs et dans des trains de marchandises autres que ceux dans lesquels se trouveront les waggons de bestiaux appartenant au porteur du permis.

Le 30 Novembre 1856.

N° 1032.

Correspondance avec le Chemin de Fer de St.-Rambert à Grenoble.

A partir du 10 Décembre, les stations de Marseille, Tarascon, Avignon, Orange, Montélimar, Valence, Tain, Vienne et Lyon, délivreront des billets pour les stations suivantes du chemin de fer de **St.-Rambert à Grenoble**, Rives, La Côte St-André, Beaurepaire, Grenoble. On devra faire l'observation aux voyageurs qui prendront des billets pour **Grenoble**, que le chemin de fer ne va que jusqu'à Rives et que de Rives à Grenoble la correspondance se fait au moyen d'omnibus.

Billets.

Il ne sera pas délivré de billets directs aux voyageurs se rendant d'une station de la ligne de Lyon à la Méditerranée, à une des stations de la ligne de St-Rambert à Grenoble, mais on leur remettra 2 billets, un billet pour le parcours sur la ligne de la Méditerranée jusqu'à St-Rambert, et un billet pour le trajet à effectuer sur la ligne de Grenoble.

Les billets pour le parcours sur la ligne de Lyon à la Méditerranée seront délivrés conformément aux règlements qui régissent la distribution des billets pour le trafic intérieur de cette ligne. Ceux pour le parcours de la ligne de Grenoble seront délivrés dans les conditions suivantes :

Il est accordé une réduction de **moitié** *sur le prix des places fixé par le tarif général:*

1° *Aux indigents munis d'un passeport avec secours de route ;*

2° *Aux membres des congrégations charitables auxquels la Compagnie a accordé cette faveur.*

(*La Compagnie de St-Rambert à Grenoble étend cette faveur à toutes les congrégations auxquelles le chemin de fer de la Méditerranée l'accorde*).

Les militaires et marins voyageant isolément et porteurs d'une feuille de route, d'un congé régulier ou d'une permission du chef du corps auquel ils appartiennent, ne seront assujettis qu'au **quart** *du tarif général.*

(*La Compagnie de St-Rambert à Grenoble accorde également cette faveur aux femmes, enfants et domestiques des militaires voyageant en feuille de route ou portés sur la feuille de route de chef de la famille*).

La remise du prix total est faite aux enfants au-dessous de 3 ans. Les enfants de trois à six ans paient demi-place, à la condition de rester assis sur les genoux des personnes qui les accompagnent. Néanmoins, jusqu'à l'âge de 6 ans, deux enfants occupant une seule place peuvent voyager avec un seul billet.

Il ne sera pas créé de billets spéciaux pour les personnes voyageant à moitié prix ou au quart du prix du tarif, sur la ligne de St-Rambert :

Aux personnes voyageant à moitié prix, il sera délivré la moitié d'un billet de place entière coupé transversalement : 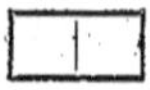 La moitié portant le numéro de série devra être délivrée au voyageur.

A celles voyageant au quart du tarif, il sera remis la moitié d'un billet de place entière coupé diagonalement  de façon à conserver sur la moitié qui sera délivrée au voyageur le numéro de série.

Ainsi, à un militaire voyageant en feuille de route et allant de Marseille à Grenoble, il sera délivré :

1° Un billet spécial de demi-place de Marseille à St.-Rambert, plus une moitié du billet  coupé diagonalement, valant quart de place pour le trajet de St.-Rambert à Grenoble.

Les moitiés de billets restant entre les mains des receveurs et représentant, soit une demi-place, soit trois quarts de place, selon la manière dont elles sont coupées, ne seront point délivrées à d'autres voyageurs ; elles seront renvoyées au Contrôle avec un bordereau spécial.

Avant de couper un billet en 2 parties, les receveurs auront le soin de le timbrer des deux côtés au composteur, de façon que la moitié restant entre leurs mains porte la date et le numéro du train auquel la distribution a été faite.

Chaque billet de 1re classe délivré pour Grenoble devra être frappé d'un timbre *omnibus*, 2me *classe* : c'est pour indiquer au voyageur que, quoiqu'il soit muni d'un billet de 1re classe, il n'a pas droit à monter dans les *coupés* des omnibus qui font le service de Rives à Grenoble.

Des instructions particulières concernant la distribution de places de *coupé* dans les omnibus entre Rives et Grenoble seront données plus tard à diverses stations, s'il y a lieu.

Coupés (chemin de fer).

Il ne sera pas délivré de places de coupé pour le trajet en chemin de fer de St.-Rambert à Rives.

Transports sur réquisition.

Les transports sur réquisition d'un point de la ligne de la Méditerranée à un point quelconque de la ligne de St.-Rambert, ne pourront avoir lieu.

Bagages.

Les bagages seront enregistrés directement pour les stations de Rives, La Côte St.-André, Beaurepaire et Grenoble dans les stations qui délivrent des billets pour la ligne de St.-Rambert.

Les bagages ne seront enregistrés que sur le vu des 2 billets dont chaque voyageur doit être muni. Les 2 billets seront timbrés de la lettre B.

Les bagages seront taxés, en ce qui concerne le parcours de la Méditerranée, d'après les règlements de cette Compagnie, et, en ce qui concerne le parcours sur la ligne de Grenoble, d'après les conditions générales suivantes :

Tout voyageur a droit au transport franco *de 30 kilogrammes de bagages.*

L'enfant qui ne paie que demi-place a droit au transport franco *de 15 kilogram.*

Les excédants sont soumis à la taxe déterminée par le Tarif général.

Il est accordé une réduction des **trois quarts** *sur les taxes du Tarif général pour le transport des bagages des militaires ou marins voyageant isolément, porteurs d'une feuille de route, d'un congé régulier ou d'une permission du chef du corps auquel ils appartiennent.*

Chiens.

Les chiens seront enregistrés directement pour Rives, La Côte St.-André, Beaurepaire, Grenoble.

Voitures des pompes funèbres, Cercueils isolés, et Voitures et Chevaux.

Les voitures des pompes funèbres, les cercueils isolés, les voitures et chevaux seront enregistrés directement pour la station de Rives *seulement*. L'expédition s'en fera, pour le parcours sur la ligne de la Méditerranée, conformément au règlement de cette Compagnie, et pour le parcours sur la ligne de Grenoble, conformément aux conditions générales suivantes :

Voitures des pompes funèbres et Cercueils isolés.

Trois personnes pourront être transportées dans le cabriolet des voitures des pompes funèbres sans augmentation de prix.

Les cercueils isolés seront transportés dans des waggons séparés et couverts et ne seront reçus qu'accompagnés. Les personnes qui les accompagnent monteront dans une des voitures du train; mais elles ne seront pas dispensées de payer le prix de leur place.

Voitures.

Deux personnes peuvent voyager dans leur voiture sans supplément de prix si elle est à une seule banquette dans l'intérieur.

Trois personnes peuvent voyager dans leur voiture sans supplément de prix, si elle est à deux banquettes dans l'intérieur, et quatre personnes si elle est à 3 fonds et soumise à la taxe de 0 f. 87.

Les personnes excédant ces nombres paient la taxe fixée par le tarif général pour le transport des voyageurs en voitures de 2me classe.

Chevaux.

Les chevaux des militaires, portés sur une feuille de route, ne seront assujettis qu'au quart de la taxe du tarif.

Les stations en correspondance avec la ligne de St.-Rambert à Grenoble, recevront en temps voulu, du Contrôle, les timbres, bordereaux, billets, fiches et tarifs nécessaires à l'exécution de la présente.

Le 6 Décembre 1856.

N° 1033.

Examen du Personnel.

A partir du 1er Janvier 1857, il sera fait, par les chefs de station, le 15 de chaque mois, un examen complet de leur personnel.

Dans cet examen, les chefs de station poseront, à chaque employé, des questions détaillées sur la manière dont il a à exécuter les fonctions qui lui sont confiées, et notamment sur les instructions et règlements qu'il doit connaître conformément à la circulaire n° 803 du 21 août 1856. Ils veilleront à ce que les employés saisissent bien le sens et la portée des réponses qu'ils font, et s'assureront qu'ils ne répètent pas mot à mot les termes des règlements et instructions sans les comprendre.

Les hommes d'équipe devront être interrogés également sur la signification des signaux qu'ils doivent connaître, sur la manière dont les colis doivent être classés et chargés dans les trains, suivant leur destination.

Ceux qui sont chargés de la manœuvre des disques devront aussi être interrogés sur tout ce qui a rapport à la manœuvre de ces signaux.

Le résultat de cet examen sera transmis au Chef du mouvement, le 16 de chaque mois, sur l'imprimé joint à la présente.

Les notes données à chaque employé seront confrontées avec les résultats des examens qui seront passés par les inspecteurs du mouvement, et tout chef de station qui, par négligence ou tout autre motif, aurait donné à un employé des notes favorables qu'il ne méritait pas, sera rigoureusement puni.

Le 7 Décembre 1856.

N° 1034.

Taxe des bagages des personnes voyageant à prix réduits.

Les stations n'opèrent pas uniformément pour la taxe des bagages des personnes voyageant à moitié prix du tarif, qui font partie des congrégations charitables auxquelles la Compagnie accorde cette faveur, ou qui sont munies d'autorisations spéciales de voyager à moitié prix, signées par qui de droit.

Il y a lieu de réglementer cette perception. En conséquence, à l'avenir, toutes les personnes voyageant à moitié prix du tarif, appartenant aux congrégations charitables, ou munies d'une autorisation spéciale, auront droit au transport franco de 30 kilogrammes de bagages par voyageur.

Les excédants seront taxés à moitié prix du tarif général. Cette mesure est également applicable aux indigents, munis d'un passeport avec secours de route et voyageant à moitié prix.

La présente circulaire ne modifie en rien les articles 1 et 3 du tarif des bagages n° 2 relatifs aux bagages des enfants, des militaires ou des marins.

Le 7 Décembre 1856.

N° 1041.

Instructions relatives aux places de coupé.

A partir du 20 décembre 1856, la circulaire n° 937, réglant la manière d'opérer pour les places de coupé, sera modifiée comme suit :

Chaque station recevra avec la présente deux timbres distincts ayant tous les deux le numéro de la station, l'un avec le mot **Coupé** et l'autre avec les mots **Coupé autorisé**.

Le timbre n'ayant que le mot **Coupé** et le numéro de la station devra être appliqué sur le billet du voyageur qui aura demandé à occuper une place de coupé qu'il aura payée.

Le timbre ayant le mot **Coupé autorisé** et le numéro de la station, devra être appliqué sur le billet ou le permis du voyageur qui aura reçu la permission de monter dans un coupé sans payer de supplément.

D'après cette manière d'opérer, aucune place de coupé ne pourra être occupée sans que le billet ou le permis du voyageur n'ait reçu un des deux timbres indiqués ci-dessus.

Les chefs de station veilleront attentivement à l'exécution de ces instructions, et leur inexécution sera punie sévèrement.

Le 17 Décembre 1856.

N° 1048.

Instructions relatives aux places de coupé.

La circulaire n° 1041 est complétée par les instructions suivantes :

Toutes les fois qu'une station aura autorisé un voyageur porteur d'un *billet* à monter dans un coupé sans payer de supplément, elle devra le mentionner sur son rapport. L'autorisation de monter dans les coupés sans payer de supplément ne pourra être accordée aux voyageurs munis de *billets* que dans le cas où, par suite d'une affluence extraordinaire de voyageurs, il n'y aurait pas de place dans les compartiments ordinaires de 1re classe, et où la station serait dans l'impossibilité d'ajouter une voiture au train.

Quant aux voyageurs munis de *permis*, l'autorisation de monter dans les coupés sans payer de supplément de tarif leur sera accordée, conformément aux instructions renfermées dans la lettre circulaire adressée par le Chef du mouvement aux chefs de station, en date du 28 septembre 1856; les billets ou les permis des voyageurs autorisés à monter dans les coupés sans payer de supplément, devront toujours être timbrés des mots — **Coupé autorisé**.

Le 30 Décembre 1856.

N° 1053.

Rappel de la défense faite de transporter dans les convois de voyageurs des matières pouvant donner lieu à des explosions ou à des incendies.

L'article 21 de l'ordonnance du 15 juillet 1845 défend d'admettre, dans les convois qui portent des Voyageurs, aucune matière pouvant donner lieu, soit à des explosions, soit à des incendies.

Plusieurs chefs de station ne se conforment pas à ces prescriptions et laissent enregistrer comme bagages des paniers ou caisses renfermant des allumettes chimiques, feux d'artifice, etc., etc.

Il est donc utile de rappeler aux chefs de station, chefs de train, facteurs-chefs et gardes-freins et à tous les employés en général, que les **acides** ou les articles susceptibles de s'enflammer par choc, frottement, contact ou influence, tels que la **poudre à feu, le phosphore, les pièces d'artifice, les allumettes chimiques, les poudres fulminantes**, ne peuvent être enregistrés comme bagages ou articles de messagerie, et ne peuvent dans aucun cas être admis dans dans les convois qui portent des voyageurs, quelle que soit la manière dont ils sont emballés.

Le 6 Janvier 1857.

N° 1055.

Transport des Voitures, Chevaux et Cercueils.

A l'avenir, toutes les fois qu'il sera délivré un bulletin de transport pour des voitures, des chevaux ou des cercueils, il sera dressé une feuille de route spéciale pour ce transport. Cette feuille de route sera remise au chef du train par lequel le transport est effectué.

Les stations seront pourvues, par les soins du Contrôle, de nouveaux carnets pour le transport des voitures, chevaux et cercueils, contenant le bulletin de transport à délivrer au voyageur, la feuille de route à remettre au chef de train et la souche restant aux archives.

Le 12 Janvier 1857.

N° 1058.

Modification dans la distribution des billets du chemin de St.-Rambert.

Les instructions données par la Circulaire 1032 (2e paragraphe, § Billets) relatives à la distribution des billets de demi-place et quart de place, pour la ligne de de St.-Rambert, sont annulées et remplacées par les suivantes :

Il ne sera pas créé de billets spéciaux, pour les personnes voyageant à moitié prix ou au quart du prix du tarif sur la ligne de St.-Rambert.

Aux personnes voyageant à moitié prix, il sera délivré la moitié d'un billet de place, coupé diagonalement, 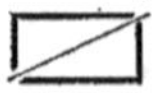 de façon à conserver sur la moitié qui sera délivrée au voyageur, le numéro de série.

A celles voyageant au quart du tarif, il sera remis la moitié d'un billet de place entière coupé transversalement. 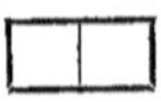 La moitié portant le numéro de série devra être délivrée au voyageur.

Ainsi, à un militaire voyageant en feuille de route et allant de MARSEILLE à GRENOBLE, il sera délivré :

1° Un billet spécial de demi-place de MARSEILLE à St.-RAMBERT, plus une moitié de billet ☐ coupé transversalement, valant quart de place, pour le trajet de St.-RAMBERT à GRENOBLE.

Les moitiés de billets restant entre les mains des receveurs et représentant, soit une demi-place, soit trois-quarts de place, selon la manière dont elles sont coupées, ne seront point délivrées à d'autres voyageurs ; elles seront renvoyées au Contrôle avec un bordereau spécial.

Avant de couper un billet en 2 parties, les receveurs auront le soin de le timbrer des deux côtés au composteur, de façon que la moitié restant entre leurs mains, porte la date et le numéro du train auquel la distribution a été faite.

Le 21 Janvier 1857.

N° 1063.

Instructions pour les Contrôleurs de route.

A l'avenir, toutes les fois qu'un contrôleur de route partira d'une station ou arrivera à une station, il devra faire mentionner, sur le verso du rapport journalier qu'il envoie au bureau du Mouvement, par le chef de station de départ ou d'arrivée, le numéro du train par lequel il part ou il arrive, ainsi que l'heure de départ ou d'arrivée.

Cette mention sera faite et signée par le chef de station, le sous-chef de gare ou l'employé en faisant fonction.

Le 6 Février 1857.

N° 1065.

Nettoyage des stations en temps de neige.

Ces derniers temps, lorsque la neige est tombée en grande quantité sur les voies, plusieurs chefs de station ne se sont pas empressés de faire nettoyer les trottoirs des stations, les voies, changements de voie, etc., etc.; d'autres ont appelé les brigades de poseurs voisines, pour leur faire faire ce travail. C'est une faute, les brigades de poseurs ont trop à faire pour nettoyer la voie entre les stations, pour qu'on les détourne de ce travail.

Il est donc rappelé aux chefs de station qu'en temps de neige, ils doivent employer tout leur personnel à dégager complétement les trottoirs, la partie des voies principales comprise dans l'enceinte de la station, les voies de gare, aiguilles, changements et croisements de voie.

Dans les grandes gares, où il y a des brigades spéciales, attachées à l'entretien des voies, les chefs de station doivent nécessairement faire nettoyer les trottoirs par leur personnel et faire prêter main forte à la brigade de poseurs, pour que le déblaiement se fasse le plus rapidement possible.

Les chefs de station devront, à l'avenir, suivre rigoureusement ces prescriptions.

Le 14 Février 1857.

N° 1066.

Visa des feuilles de route des voitures de correspondance.

A partir du 1er mars,

Les chefs des stations auxquelles viennent aboutir les services de correspondance de la Compagnie, devront timbrer du nom de leur station et signer toutes les feuilles de route des conducteurs des voitures de correspondance, tant au départ qu'à l'arrivée.

Au départ, les feuilles ne pourront être timbrées et signées qu'au moment du départ et lorsque les voyageurs seront montés en voiture.

A l'arrivée, cette formalité devra être remplie au moment de l'arrivée, et avant que les voitures aient quitté la gare pour aller en remise.

Il est interdit de la manière la plus formelle et sous peine de punition très-sévère, de viser des feuilles de route sans que les voitures soient présentes à la gare.

Le visa devra également mentionner l'heure à laquelle il aura été donné.

Le 21 Février 1857.

N° 1068.

Calage des waggons dans les gares.

Il est rappelé aux chefs de station, sous-chefs de gare, chefs de train et gardes-freins, et à tous les employés en général, qu'ils doivent porter la plus grande attention au calage des waggons stationnant, soit momentanément sur les voies principales, soit dans les voies de gare.

Malgré les recommandations si souvent faites, il arrive quelquefois que les waggons sont calés d'une façon imparfaite, soit avec des pierres, soit avec des cales en bois insuffisantes.

Cette manière de faire peut donner lieu à des accidents très-graves.

Il est donc rappelé que les waggons stationnant sur les voies principales ou dans des voies de gare ayant accès sur les voies principales, doivent être calés, quelque temps qu'il fasse, au moyen d'un rondin de bois, passé entre les rayons des roues.

Les stations qui ne seraient pas pourvues de rondins de bois propres à cet usage, devront en faire immédiatement la demande au magasin.

Le 4 Mars 1857.

N° 1071.

Signal d'Aiguille de la Gare de Perrache.

Il vient d'être placé, à l'entrée de la gare de Perrache, un nouveau signal destiné à indiquer la position de l'aiguille qui se trouve sur la voie principale montante au-dessus de la culée du pont sur le Rhône, et que les trains montants arrivant dans la gare de Perrache prennent en pointe.

Les indications données par ce signal seront conformes au règlement ci-après :

CHEMIN DE FER DE PARIS A LYON.

EXTRAIT DU RÈGLEMENT RELATIF AUX SIGNAUX D'AIGUILLE.

SIGNAUX D'AIGUILLE DE GARAGE

(La voie de garage étant raccordée à ses deux extrémités avec la voie principale).

Les signaux d'aiguille de garage sont formés de deux disques verticaux d'équerre l'un sur l'autre, dont l'un est blanc et l'autre vert. Ces deux disques sont susceptibles d'un mouvement de rotation autour d'un axe vertical qui leur est commun.

Lorsque l'aiguille est faite pour l'une des deux voies, l'un des disques s'efface parallèlement aux voies ; l'autre disque se trouve tourné d'équerre en travers des voies ; la couleur de ce dernier disque indique quelle est la voie qui est ouverte, ainsi qu'il suit ;

Lorsque la voie principale est ouverte le disque est blanc ;

Lorsque la voie principale est fermée, et que c'est, au contraire, la voie de garage qui est ouverte, le disque du côté de la pointe de l'aiguille est vert.

Pendant la nuit, l'appareil est remplacé par une lanterne présentant les mêmes couleurs que le disque et donnant les mêmes indications.

Lorsque les disques ou la lanterne, au lieu d'être de face ou de profil, se présentent obliquement, c'est que l'aiguille n'est pas règulièrement faite et que les voies ne sont pas, l'une, complétement ouverte, l'autre, complétement fermée. Dans ce cas, le mécanicien doit s'arrêter avant le signal.

Prescription générale.

Dans tous les cas, les mécaniciens doivent, conformément à l'article 37 de l'ordonnance du 15 novembre 1846 sur la police des Chemins de Fer, toujours ralentir leur marche avant les points indiqués par les signaux d'aiguille, et ce ralentissement doit être assez grand pour que le train puisse, s'il y a lieu, être complétement arrêté avant d'arriver au signal.

PARIS, le 18 Novembre 1856.

Le Directeur,

Signé : P. CHAPERON.

Le 14 Mars 1857.

N° 1075.

Prescriptions relatives à l'enregistrement des bagages fragiles.

Il arrive souvent que les voyageurs font enregistrer comme bagages des objets non emballés ou pourvus d'un emballage insuffisant ; tels que : glaces, tableaux, cylindres de pendules, bouteilles, jarres, cruches, meubles, œufs, instruments de musique, etc., etc., et qui, par suite, exigent des soins particuliers et sont sujets à s'avarier facilement.

La compagnie, bien qu'elle entende donner aux objets qui lui sont confiés tous les soins que nécessite leur bonne conservation, doit décliner néanmoins toute responsabilité quant aux avaries qui peuvent résulter du coulage ou de la fermentation du liquide, du bris, du froissement des objets en vrac ou dont l'emballage est défectueux.

A l'avenir, pour mettre la Compagnie à l'abri de toute réclamation de la part des voyageurs à leur arrivée à destination, les chefs de station, sous-chefs de gare, facteurs-chefs, facteurs surveillants, devront prévenir les personnes qui présentent, pour les faire enregistrer comme bagages, des objets non emballés ou pourvus d'un emballage insuffisant, que le transport n'en sera fait que **sans garantie** de bris ou de détérioration.

Afin d'éviter toute contestation à l'arrivée, les mots **Avaries non garanties** devront être inscrits au dos du bulletin de bagages remis au voyageur.

Le 2 Avril 1857.

N° 1077.

Recommandations pour l'enregistrement des Bagages et la vérification à l'arrivée, des titres donnant droit au parcours à prix réduit.

Depuis quelque temps, il y a de nombreuses irrégularités dans le service des bagages : les colis sont fichés pour de fausses destinations ; les feuilles de route ne mentionnent pas le nombre exact des colis, et ne portent pas le nom des stations expéditeurs ou destinataires.

Il est donc nécessaire de rappeler aux chefs de station, sous-chefs de gare, facteurs-chefs et à tous les employés en général, que la plus grande attention doit être apportée au dressement des feuilles de route et bulletins de bagages, au fichage des colis, afin d'éviter des erreurs préjudiciables aux intérêts de la Compagnie.

De plus, il a été dit maintes fois que les anciennes fiches apposées sur les colis doivent être enlevées, ou s'il y a impossibilité de les enlever, bâtonnées avec du crayon rouge. La non exécution de cette prescription sera, à l'avenir, sévèrement punie.

A cette occasion, il est rappelé au personnel que les voyageurs arrivant par un train dans une station et munis d'un billet de 1/2 place, doivent exhiber le titre en vertu duquel la 1/2 place leur a été accordée. Si la 1/2 place a été accordée sans que le voyageur y ait droit, les chefs de station ne devront pas exiger du voyageur le paiement de la seconde moitié de la place, mais ils devront mentionner le fait sur leur rapport, et la seconde moitié de la place sera mise à la charge de la station d'où vient le voyageur et supportée par l'employé fautif.

Ces vérifications ne se font que très-imparfaitement, car journellement les contrôleurs de route signalent des fautes de ce genre qui ne sont pas relevées par les stations à l'arrivée des voyageurs.

Le 14 Avril 1857.

N° 1080.

Prescriptions relatives à l'enregistrement des Bagages.

Il y a des stations qui ont mal interprété l'article 4, § 1er Bagages, du tarif n° 2 mis en vigueur le 1er octobre 1856.

Cet article dit :

« Le transport des bagages est accepté pour la destination définitive indiquée par « le voyageur qui demande l'enregistrement des colis, et, par conséquent, les « bagages, quelle que soit leur destination, ne seront soumis qu'à un seul droit « d'enregistrement.

« Les excédants de bagages ne seront également soumis qu'à un seul droit de « chargement et de déchargement. »

Il ne faut pas conclure de cet article qu'un voyageur prenant un billet pour un point quelconque, peut faire enregistrer ses bagages pour une station plus éloignée que celle indiquée par son billet, lorsqu'il a la possibilité de prendre un billet pour la station sur laquelle il veut diriger ses bagages.

Ainsi, il doit être compris qu'un voyageur prenant à Avignon un billet pour le Pontet, ne peut pas faire enregistrer ses bagages pour Lyon, pas plus qu'un voyageur prenant à Marseille un billet pour l'Estaque ne peut faire enregistrer ses bagages pour Cette ou Montpellier.

On conçoit facilement les fraudes et les abus qu'entraîneraient de pareilles facilités accordées au public.

L'art. 4 a été fait pour permettre aux voyageurs qui veulent se rendre à un des points de notre ligne pour lequel il n'est pas délivré de billet à la station d'où ils partent, de faire enregistrer directement leurs bagages pour leur destination définitive.

Ainsi, un voyageur, voulant aller de Montélimar à Mireval prendra à Montélimar un billet pour Tarascon, station d'embranchement, où il reprendra un billet pour Mireval, mais pourra faire enregistrer ses bagages directement pour Mireval sur la présentation de son billet pour Tarascon. Cette manière de procéder a du reste été déjà prescrite et expliquée dans l'art. 2 des instructions pour la comptabilité des stations, Tarif n° 2; que les chefs de station devront s'appliquer à bien comprendre et à faire bien comprendre à leur personnel.

Le 17 Avril 1857.

N° 1082.

Défense de manœuvrer sur une voie principale au moment où un train passe sur la voie opposée.

Un accident tout récent prouve que quelques chefs de station autorisent les trains de marchandises à manœuvrer sur une voie principale au moment où des trains de voyageurs ou de marchandises passent sur la voie opposée; c'est une faute très-grave.

Il est formellement défendu de faire manœuvrer des trains ou machines sur une voie principale, au moment où un train passe sur le voie opposée. Il est facile de comprendre que, pendant les manœuvres, les machines allant dans le sens contraire à la marche normale qui doit être suivie sur la voie où elles se trouvent, prennent en pointe les aiguilles qui font communiquer les deux voies principales entre elles, et peuvent venir, si une aiguille est donnée à tort, se jeter sur les trains qui passent sur la voie opposée.

Le 28 Avril 1857.

N° 1088.

Expédition des Caisses à Finances.

Ligne de MARSEILLE à LYON.

A partir du 1er Juin 1857, l'aller et le retour des caisses à finances se feront comme suit :

ALLER.

1° Une caisse à finances partira chaque matin de Lyon par train n° 5 pour recevoir les recettes de Lyon à la Roche de Glun, inclusivement.

2° Une caisse à finances partira chaque matin de Valence par le train n° 3 pour recevoir les recettes de Valence à Piolenc, inclusivement.

3° Une caisse à finances partira chaque matin d'Orange par le train n° 1 pour recevoir les recettes d'Orange au Pas des Lanciers, inclusivement.

4° Une caisse à finances partira chaque matin de l'Estaque par le train n° 19 pour recevoir les recettes de l'Estaque et des stations de banlieue.

RETOUR.

1° La caisse à finances venue de Lyon, sera renvoyée à Lyon par le train 12 du lendemain.

2° La caisse à finances venue de Valence, y sera renvoyée par le train n° 8 du lendemain.

3° La caisse à finances venue d'Orange, y sera renvoyée par le train 16 du même jour.

4° La caisse à finances venue de l'Estaque, y sera renvoyée par le train 28 du même jour.

Le renvoi des sacs à finances et des portefeuilles aux diverses stations se fera comme suit :

Par le train 16, pour toutes les stations depuis Marseille jusqu'à Orange inclusivement ;

Par le train 14, pour toutes les stations depuis Piolenc jusqu'à Valence, inclusivement.

Par le train 8, pour toutes les stations depuis Valence jusqu'à Lyon, inclusivement.

Le 20 Mai 1857.

N° 1089.

Avis à donner aux trains express qui suivent de près les trains omnibus.

Les trains omnibus 8, 18, 5 et 15 étant suivis de près par les trains express 12, 20, 7 et 17 au moment où ils approchent de leurs points de garage, il importe, pour la sécurité du service, que les machinistes conduisant les trains express soient informés de l'heure exacte des départs des trains omnibus qui les précèdent dans les parties de la ligne où l'intervalle qui les sépare n'est pas considérable.

En conséquence :

Le chef de station de la Croisière remettra chaque jour au machiniste du train 12, un bulletin constatant l'heure de départ de la Croisière du train 8.

Le chef de station d'Arles remettra chaque jour au machiniste du train 20, un bulletin constatant l'heure de départ d'Arles du train 18.

Le chef de station de Tain remettra chaque jour au machiniste du train 7, un bulletin constatant l'heure de départ de Tain du train 5.

Le Chef de station d'Orange remettra chaque jour au machiniste du train 17, un bulletin constatant l'heure de départ d'Orange du train 15.

Ces prescriptions sont d'une grande importance et cependant ne sont pas suivies avec exactitude; il est indispensable qu'il n'en soit plus ainsi à l'avenir.

Le 20 Mai 1857.

N° 1091.

Correspondance des Trains de Voyageurs de la *Rive droite* avec ceux de la *Rive gauche*,

A partir du 1er Juin 1857.

Trains partant de TARASCON.

Train	51	partant à	5 »	matin	prend	les voyageurs	des trains	15. 17.
»	53	»	7 55	»	»	»	»	1. 4.
»	55	»	11 20	»	»	»	»	3. 8.
»	57	»	2 »	soir	»	»	»	7. ».
»	59	»	4 10	»	»	»	»	5. 14.
»	61	»	7 40	»	»	»	»	9. 16.
»	67	»	1 »	matin	»	»	»	18. 20.

Trains arrivant à TARASCON.

Train	52	arrivant à	7 18	matin	remet	des voyageurs	aux trains	1. 4.
»	54	»	10 15	»	»	»	»	3. 8.
»	56	»	11 45	»	»	»	»	12. ».
»	58	»	3 23	soir	»	»	»	5. 14.
»	60	»	7 05	»	»	»	»	9. 16.
»	64	»	minuit 30	»	»	»	»	18. 20.
»	70	»	3 46	matin	»	»	»	15. 17.

Échanges des Waggons de service.

Train 52 remet son **D** au train 4 et son **M** au train 1.

» 54 » **D** » 8 » **M** » 3.

» 56 garde son matériel, les colis sont transbordés dans le train 12.

» 58 remet son **D** au train 14 et son **M** au train 5.

» 60 » **D** » 16 » **M** » 9.

» 64 » **D** » 18 et donne au train 20 un waggon K chargé de bagages.

» 70 garde son **D** et remet son **M** au train 15.

Les bagages des voyageurs de 1re classe pour Arles, Miramas, Rognac, Aix et Marseille, arrivant par le train 70 et devant prendre le train 17, seront transbordés.

Train 51 ne prend pas de **D** aux trains correspondants, prend un **M** au train 15 prend au train 17 un waggon **K** chargé de bagages et de messagerie.

»	53	prend un	**D**	au train	4	et un **M** au train 1.		
»	55	»	**D**	»	8	» **M** au train 3.		
»	57	»	**M**	»	7	et lui en donne un vide en échange.		
»	59	»	**D**	»	14	et un **M** au train 5.		
»	61	»	**D**	»	16	»	**M** »	9.
»	67	»	**D**	»	18.			

Les colis arrivant par le train 20 et devant partir par le train 67, seront transbordés.

Le 20 Mai 1857.

N° 1092.

Instructions pour l'expédition des Trains facultatifs.

Les chefs de station de **Marseille**, **Arles**, **Tarascon**, **Orange**, **Valence**, **Chasse et Lyon Guillotière**, sont les seuls chefs de station de la ligne de Marseille à Lyon qui soient autorisés à créer des trains facultatifs et à les expédier.

Dès que le chef d'une de ces stations verra, d'après les instructions détaillées qui lui seront données par le service du trafic qu'un train facultatif est nécessaire,

Il devra :

1° Demander par dépêche au chef du mouvement l'autorisation de lancer le train demandé.

2° Prévenir le chef du dépôt qui doit fournir la machine ;

Le chef du dépôt devra être prévenu 5 heures avant l'heure fixée pour le départ du train.

3° Prévenir par dépêche le chef de traction à Arles des trains qui sont nécessaires ;

4° Prévenir les chefs de train de réserve de se tenir prêts à partir.

Si le Chef du mouvement répond que les trains demandés peuvent être faits, il les expédiera en temps voulu en ayant soin ;

1° De mettre les signaux d'annonce réglementaires prescrits au train précédant le train facultatif;

2° D'annoncer à toutes les stations pourvues de poste télégraphique et situées sur le parcours du train que le train a lieu ;

3° L'Inspecteur délégué à Lyon devra être également prévenu, par dépêche, de tous les trains qui auront lieu sur la section de Valence à Lyon.

Si le Chef du mouvement refuse l'autorisation demandée, ou s'il ne répond pas, ou si sa réponse arrive trop tard pour que les trains facultatifs puissent être annoncés par les trains qui les précèdent, les trains facultatifs n'auront pas lieu.

Le 20 Mai 1857.

N° 1093.

Annonce des Trains facultatifs.

LIGNE DE MARSEILLE A LYON.

A partir du 1er Juin 1857, les trains de marchandises facultatifs, prescrits par la nouvelle marche des trains, seront, lorsqu'ils auront lieu, annoncés comme suit à l'aide des signaux réglementaires, par les trains qui les précéderont :

Trains montants.

Train	202	de Marseille à Berre	par train	12.	
		de Berre à Arles		14.	
»	204	de Marseille à Entressen	»	104.	
		d'Entressen à Arles	»	16.	
»	206	de Marseille à Arles	»	108.	
»	208	d'Arles à Tarascon	»	106	ou le train 20 quand le train 106 n'aura pas lieu.
		de Tarascon à Orange	»	18.	

TRAIN	210	d'Arles à Orange	par train	208, et lorsque le 208 n'aura pas lieu,
		d'Arles à Tarascon	»	106 ou le train 20 quand le 106 n'aura pas lieu.
		de Tarascon à Orange	»	18.
»	212	d'Arles à Tarascon	»	112.
		de Tarascon à Orange	»	14.
»	214	d'Arles à Orange	»	104.
»	216	d'Orange à Valence	»	114.
»	218	d'Orange à Montélimar	»	216 ou 114 si le 216 n'a pas lieu.
		de Montélimar à Valence	»	4.
»	220	d'Orange à Montélimar	»	4.
		de Montélimar à Valence	»	8.
»	222	d'Orange à la Croisière	»	12.
		de la Croisière à Valence	»	116.
»	224	d'Orange à Valence	»	112.
»	226	de Valence à Lyon	»	2.
»	228	de Valence à Vienne	»	112.
		de Vienne à Chasse	»	4.
		de Chasse à Vienne	»	12.

Le train 12 ne s'arrêtant pas à Chasse, c'est le chef de la station de Vienne qui devra donner l'ordre au chef du train 12 de signaler le 228 depuis Chasse jusqu'à Lyon.

»	230	de Valence à Lyon	par train	114.
»	232	de Valence à Lyon	»	230 ou 114 si le 230 n'a pas lieu.
»	234	de Valence à Lyon	»	232.
				230 si le 232 n'a pas lieu.
				114 si 230 et 232 n'ont pas lieu.
»	236	de Valence à Lyon	»	234.
				232 si le 234 n'a pas lieu.
				230 si les 234 et 232 n'ont pas lieu.
				114 si les 234, 232 et 230 n'ont pas lieu.
»	238	de Vienne à Chasse	»	112.

Trains descendants.

TRAIN	201	de Lyon à Valence	par train	107.
»	203	de Lyon à Chasse	»	5.
		de Chasse à Valence	»	7.

Le train 7 ne s'arrêtant pas à Chasse, c'est le chef de station de Lyon (Perrache) qui devra donner l'ordre au chef du train 7 d'annoncer le train 203 depuis Chasse jusqu'à Valence.

Train	205	de Lyon à Vienne	par train	9.	
		de Vienne à Valence	»	101.	
»	207	de Lyon à Valence	»	11.	
»	209	de Chasse à Vienne	»	205	ou par train 9 si le 205 n'a pas lieu.
»	211	de Valence à Montélimar	»	105.	
		de Montélimar à Orange	»	5.	
»	213	de Valence à Orange	»	9.	
»	215	de Valence à Orange	»	213	ou le train 9 si le 213 n'a pas lieu.
»	217	d'Orange à Arles	»	9.	
»	219	d'Orange à Arles	»	107.	
»	221	d'Orange à Arles	»	219	ou le train 107 si le 219 n'a pas lieu.
»	223	d'Arles à Marseille	»	115	ou par train 113 si le 115 n'a pas lieu.
»	225	de Tarascon à Arles	»	15.	
		d'Arles à Entressen	»	107.	
		d'Entressen à Marseille	»	1.	

Le chef de la station de Lyon (Perrache) devra être avisé, par écrit, par le chef de la station de la Guillotière, de tous les trains facultatifs partant de Lyon, et qui doivent être signalés par des trains de voyageurs.

Si, par suite de retard de trains spéciaux ou de toute autre cause, l'ordre régulier de succession des trains est modifié, les chefs de station devront faire annoncer les trains facultatifs par les trains qui les précéderont sans suivre les instructions précitées, qui ne sont applicables que lorsque l'ordre de succession des trains a lieu suivant la marche prescrite.

Il est rappelé que toutes les fois qu'une station fait mettre à un train les signaux prescrits pour annoncer un train facultatif ou spécial, le chef de cette station doit consigner par écrit sur la feuille de route de ce train jusqu'à quelle station les signaux d'annonce doivent être maintenus.

Les chefs de train portant ces signaux doivent avoir le soin de les faire enlever aux points désignés sur leur feuille de route.

Le 20 Mai 1857.

N° 1094.

Correspondance des trains de l'Embranchement d'Aix avec la ligne principale.

Service à partir du 1er Juin 1857.

Les voyageurs se rendant d'une station de la ligne de Marseille à Lyon ou des lignes de la rive droite du Rhône à une des stations de l'embranchement de Rognac à Aix, changeront de voiture à Rognac et prendront les trains de correspondance.

Par exception, le train partant de Marseille à 8 heures 15 du matin, continuera sa route jusqu'à Aix, les voyageurs n'auront donc pas à changer de voiture.

Les voyageurs se rendant d'une station de l'embranchement d'Aix à une des stations de la ligne de Marseille à Lyon, ou des lignes de la rive droite du Rhône, changeront de voiture à Rognac pour prendre les trains correspondants.

Par exception, le train partant d'Aix à 2 heures 50 du soir, continuera sa route jusqu'à Marseille, il n'y aura donc pas lieu de faire changer les voyageurs de voiture.

Le changement de voiture entraîne forcément le transbordement des bagages.

Cette opération devra se faire avec la plus grande rapidité et dans le plus grand silence. Avant d'arriver à Rognac, les chefs de train et gardes-freins auront le soin de faire dans leurs fourgons la reconnaissance des colis qui doivent être transbordés à Rognac ; ils les tiendront prêts à être déchargés dès l'arrêt du train.

Les employés de la station de Rognac reconnaîtront, avec soin les colis, s'assureront que le fichage est bien conforme aux feuilles de route, les classeront rapidement par destination, et les porteront aux endroits où doivent les prendre les trains correspondants.

Ce qui vient d'être dit pour les bagages s'applique également aux colis de messagerie.

Cette reconnaissance de colis devra être faite avec le plus grand soin, la moindre négligence peut causer des erreurs très-préjudiciables aux intérêts de la Compagnie.

Les voyageurs qui changeront de voiture recevront des employés de la station de Rognac, toutes les indications qui leur seront nécessaires ; les renseignements devront être donnés au public avec la plus grande politesse et avec complaisance ; les employés devront, en même temps, exiger des voyageurs avec fermeté, mais sans rudesse, l'exécution des consignes qu'ils auront reçues. Ils se tiendront parfaitement au courant des correspondances entre les trains du service principal et ceux de l'embranchement d'Aix, afin de pouvoir être à même de renseigner le public d'une manière complète.

La correspondance des trains de l'embranchement d'Aix avec ceux du service principal se fera comme suit :

Trains s'éloignant d'Aix.

Train n. 29. *Arrivant à Rognac à 7 h. 02 du matin.*

Ce train remettra ses voyageurs aux trains montants 6 et 8 ; par conséquent, les voyageurs de toute classe n'allant pas au-delà d'Arles devront prendre le train n. 6, ceux allant au-delà d'Arles prendront le train n. 8.

A la descente, le train n. 29 correspondra avec le train n. 15.

Train n. 31. *Arrivée à Rognac 9 h. 53 du matin.*

Ce train correspond avec le train descendant n. 1 pour la descente et à la remonte avec le train express n. 12.

Train n. 33. *Arrivée à Rognac midi 52.*

Ce train correspond à la descente avec le train n. 3 et à la remonte avec le train n. 14.

Train n. 13. *Arrivée à Rognac à 3 h. 36 du soir.*

Ce train continue sa route jusqu'à Marseille et correspond avec le train montant n. 16.

Train n. 35. *Arrivée à Rognac 5 h. 58 du soir.*

Ce train correspond seulement avec le train de descente n. 5.

Train n. 37. *Arrivée à Rognac à 9 h. 18 du soir.*

Ce train correspond à la remonte avec les trains n. 18 et 20.

Les voyageurs de 1re classe n'allant pas au-delà de Tarascon, et ceux de 2me et 3me classe, allant à quelque point que ce soit situé entre Rognac et Lyon, devront prendre le train n. 18 qui emportera leurs bagages.

Quant aux voyageurs de 1re classe allant au-delà de Tarascon, ils prendront le train n° 20 sur lequel seront chargés leurs bagages. La station d'Aix devra donc enregistrer à part et sur une feuille de route spéciale, les bagages des voyageurs de 1re classe partant par le train 37 et allant au-delà de Tarascon, les fiches n°s 1 à 10 leur seront réservées.

A la descente, le train 37 correspond avec le train n° 9.

Trains se dirigeant sur AIX.

Train n. 32. *Partant de Rognac à 7 h. 30 du matin.*

Ce train emmène les voyageurs arrivant de Marseille par le train n° 6 et ceux venant du haut de la ligne par les trains n°s 15 et 17.

Train n. 10. *Partant de Rognac à 9 h. du matin.*

Ce train va directement de Marseille à Aix, et ne correspond pas à Rognac avec les trains descendants.

Train n. 34. *Partant de Rognac à 1 h. 20 du soir,*

Ce train emmène les voyageurs arrivant de Marseille par le train n° 14 et ceux venant du haut de la ligne par le train n° 3.

Train n. 36. *Partant de Rognac à 3 h. 45 du soir.*

Ce train emmène les voyageurs arrivant à Rognac par le train 7.

Train n. 38. *Partant de Rognac à 4 h. 55 du soir.*

Ce train emmène les voyageurs arrivant par le train 16.

Train n. 40. *Partant de Rognac à 10 h. 10 du soir.*

Ce train emmène les voyageurs arrivant de Marseille par le train 18 et ceux du haut de la ligne arrivant par le train n. 9.

Le 20 Mai 1857.

N° 1098.

Service détaillé de l'embranchement d'Aix.

EXPÉDITION DES CAISSES A FINANCES.

La caisse à finances destinée à recevoir les versements des stations de l'embranchement d'Aix, sera expédiée chaque matin à Marseille par le train 29, correspondant avec le train 15, elle sera retournée de MARSEILLE à AIX par le train 16, correspondant avec le train 38.

Les sacs à finances et portefeuilles seront retournés de MARSEILLE aux stations de l'embranchement d'AIX par le train 16.

Composition des Trains.

Les trains 29, 31, 33, 13, 35, 37, 32, 10, 34, 36, 38 et 40 seront mixtes, ils pourront donc être composés de voitures à voyageurs et de waggons à marchandises vides ou chargés.

Ces trains devront être composés comme suit :

En tête. — Les waggons à marchandises

1 D.
1 C.
2 B.
1 C.
1 M.

Le nombre des pièces composant un train mixte ne pourra jamais excéder 12 pièces.

Les waggons de marchandises à tampons secs, ne pourront être admis dans les trains mixtes, que s'ils sont attelés avec des tendeurs à ressort.

Un approvisionnement de tendeurs à ressort sera remis à chacune des stations de ROGNAC, VELAUX, ROQUEFAVOUR et AIX.

Chaque station sera responsable des tendeurs qui lui auront été livrés.

Il est interdit d'admettre dans les trains mixtes des waggons chargés de rails, ou de matière pouvant donner lieu soit à des explosions, soit à des incendies, tels que acides, la poudre à feu, le phosphore, les pièces d'artifice, les allumettes chimiques, les poudres fulminantes, etc.

Il ne pourra être expédié de waggons à Marchandises par trains mixtes à destination de VELAUX ou par la station de VELAUX que par les trains 32 et 33 à destination de ROQUEFAVOUR, où par la station de ROQUEFAVOUR que par les trains 29 et 34.

AIX pourra expédier snr ROGNAC des waggons à Marchandises par tous les trains descendants.

ROGNAC pourra expédier sur AIX des waggons à marchandises par tous les trains montants.

Ce service exige chaque matin :

A AIX........ 1 D, 2 B, 2 C, 1 M.
A ROGNAC..... 1 D, 2 B, 2 C, 1 M.

En outre du matériel nécessaire au service ordinaire, il y aura comme matériel de réserve :

A AIX.... 1 D, 1 A, 3 B, 5 C, 2 E, 2 F, 1 Q et 2 M.
A ROGNAC. 1 D, 1 A, 3 B, 5 C et 1 M.

Trains de marchandises facultatifs.

ANNONCE DES TRAINS.

Les trains facultatifs seront annoncés sur la ligne comme suit.

Le train 227 d'AIX à ROGNAC par le train 29.
» 240 de ROGNAC à AIX par le train 10.

En cas de modification dans l'ordre de succession des trains par suite de retards, les chefs de station devront toujours faire annoncer les trains facultatifs, par les trains qui les précéderont marchant dans le même sens.

Autorisation d'expédier les Trains facultatifs.

Les trains facultatifs 227 et 240 ne pourront être faits l'un sans l'autre, c'est-à-dire, que toutes les fois que le train 227 aura lieu, le 240 devra avoir lieu, et que le 240 ne pourra avoir lieu, que si le 227 a eu lieu.

Toutes les fois que le chef de station de ROGNAC verra qu'il a besoin du train 240 pour expédier des waggons qui n'auront pu être amenés par les trains mixtes, à cause de leur nombro ou de la nature de leur chargement, il devra en faire la demande par dépêche au chef de station d'AIX, cette dépêche devra être lancée à AIX, au plus tard, à 2 heures du matin.

Dès que le chef de station d'AIX verra que le train 227 est nécessaire soit pour expédier des waggons qui n'auront pu être pris par les trains mixtes à cause de leur nombre, ou à cause de la nature de leur chargement, soit pour permettre à ROGNAC de faire le train 240.

Il devra :

1° Demander par dépêche au Chef du mouvement l'autorisation de faire le train facultatif ;

2° Prévenir le chef du dépôt d'AIX que les trains 227 et 240 auront lieu ;

3° Prévenir le chef de train de réserve de se tenir prêt à partir.

Si le chef du mouvement répond que les trains demandés peuvent être faits il expédiera le train 227, en ayant soin :

1° De l'annoncer par le train précédent :

2° De prévenir par dépêche et par circulaire écrite, toutes les stations jusqu'à ROGNAC inclus, que le train 227 a lieu.

Si le chef du mouvement refuse l'autorisation demandée ou ne répond pas, ou si la réponse arrive trop tard pour que le train 227 puisse être annoncé par le train qui le précède, le train 227 n'aura pas lieu.

Lorsque le train 240 devra avoir lieu, le chef de station de ROGNAC ne pourra l'expédier qu'après en avoir reçu l'autorisation du chef du mouvement.

Si cette autorisation n'arrive pas ou si elle arrive trop tard pour que le train 240 puisse être annoncé par le train qui le précède, le train 240 n'aura pas lieu.

De plus, le train 240 ne pourra être expédié qu'après que le chef de station de

Rognac aura prévenu, par dépêche et par lettre, les stations situées entre Rognac et Aix inclus, que le train 240 a lieu.

Les trains de marchandises facultatifs pourront être composés de

15 waggons à la remonte ;

25 » à la descente.

Service des chefs de train et gardes-freins.

Le service des chefs de train et gardes-freins, sur l'embranchement d'Aix sera réglé comme suit :

Nos des Brigades.	Nombre et Qualités des Employés — Chefs de Train	Nombre et Qualités des Employés — Gardes-Freins.	RÉSIDENCE.	SERVICE.	Nos des Trains.	Stations et heures de départ.	Stations et heures d'arrivée.	Kilomèt. parcourus	OBSERVATIONS.
						h. m.	h. m.		
1re.	1	1	AIX.	1er Jour.	29	AIX..... 6 » matin.	ROGNAC. 7 02 matin.	182	CAMPOS tous les 6 jours.
					32	ROGNAC. 7 30 »	AIX..... 8 30 »		
					31	AIX..... 8 45 »	ROGNAC. 9 53 »		
					34	ROGNAC. 1 20 soir.	AIX..... 2 20 soir.		
					13	AIX..... 2 50 »	ROGNAC. 3 36 »		
					38	ROGNAC 4 55 »	AIX..... 6 02 »		
					37	AIX..... 8 20 »	ROGNAC. 9 18 »		
						Retour haut le pied par train 40.			
						Se rend à Rognac haut le pied par t. 29.			
2e.	1	1	AIX.	2e Jour.	40	ROGNAC. 9 » matin.	AIX..... 9 55 matin.	130	
					33	AIX..... 11 50 »	ROGNAC. 12 52 soir.		
					36	ROGNAC. 3 45 soir.	AIX..... 4 40 »		
					35	AIX..... 5 » »	ROGNAC. 5 58 »		
					40	ROGNAC. 10 10 »	AIX..... 11 05 »		

Les trains facultatifs 227 et 240 seront faits par la réserve d'Aix.

En outre, il y aura en réserve, pour faire les trains facultatifs, les trains hors tour et spéciaux.

à Rognac, un chef de train ou garde-freins demeurant à Rognac ;

à Aix, un chef de train ou garde-freins demeurant à Aix.

Chargement dans les trains des articles, bagages et messageries.

Le chargement dans les trains des bagages et articles de messagerie se fera comme suit :

TRAINS MONTANTS.

Fourgon a Bagages. Les colis à destination d'Aix.

Brake............ Les colis à destination des stations intermédiaires.

TRAINS DESCENDANTS.

FOURGON A BAGAGES. Les colis à destination des stations comprises entre ROGNAC et MARSEILLE.

BRAKE............ Les colis à destination des stations comprises entre AIX et ROGNAC, ROGNAC et LYON et de la Rive droite.

Le 20 Mai 1857.

N° 1099.

Train spécial pour le transport de Marseille à Lyon de la malle des Indes.

Toutes les fois que les dépêches de l'Inde et de l'Australie arriveront à Marseille trop tard pour être expédiées par le train express de 10 heures du matin, mais assez à temps pour pouvoir partir à midi, l'administration des Postes aura la faculté de demander à les expédier en train spécial, depuis Marseille jusqu'à Lyon.

Ce train partira toujours à midi.

Son itinéraire sera le suivant :

	h. m.	
Départ de MARSEILLE............	midi.	
Arrivée à MIRAMAS..............	1 05	soir.
Départ de MIRAMAS..............	1 08	»
Arrivée à ARLES................	1 42	»
Départ d'ARLES.................	1 45	»
Arrivée à AVIGNON..............	2 30	»
Départ d'AVIGNON...............	2 35	»
Arrivée à ORANGE...............	3 08	»
Départ d'ORANGE................	3 13	»
Arrivée à MONTÉLIMAR...........	4 13	»
Départ de MONTÉLIMAR...........	4 18	»
Arrivée à VALENCE..............	5 08	»
Départ de VALENCE..............	5 10	»
Arrivée à TAIN.................	5 33	»
Départ de TAIN.................	5 35	»
Arrivée à St.-RAMBERT..........	6 05	»
Départ de St.-RAMBERT..........	6 10	»
Arrivée à VIENNE...............	6 43	»
Départ de VIENNE...............	6 45	»
Arrivée à LYON (Perrache)......	7 25	»

Ce train prendra la voie directe à Tarascon.

Il sera annoncé comme suit par les trains qui le précèderont :

De Marseille	à Berre	par le train	12 ;
de Berre	à Entressen	»	102 ;
d'Entressen	à Arles	»	12 ;
d'Arles	à Avignon	»	112 ;
d'Avignon	à la Croisière	»	12 ;
de la Croisière	à Pierrelatte	»	116 ;
de Pierrelatte	à Montélimar	»	12 ;
de Montélimar	à Andancette	»	8 ;
d'Andancette	à Lyon	»	12 ;

Garage des Trains en route.

Le train	102	sera garé	à Entressen ;
»	112	»	à Avignon ;
»	116	»	à Pierrelatte ;
»	8	»	à Andancette.

Les machinistes devront se tenir en éveil aux approches des points de garage.

Ce train ne pourra avoir lieu que sur l'ordre du Chef du Mouvement ou de l'Inspecteur en faisant fonctions, qui donnera avis aux diverses stations intéressées de l'expédition du train spécial.

Voici ce que les stations avisées auront à faire dès qu'elles sauront que le train spécial a lieu.

Marseille...... Prévenir le chef de dépôt et le chef de train de réserve, faire mettre le signal d'annonce au train 12 depuis Marseille jusqu'à Berre ;

Supprimer le train 202, s'il doit avoir lieu ;

Donner au chef de train et au mécanicien un exemplaire de la marche du train.

Berre........ Faire partir le train 102, en lui donnant l'ordre sur sa feuille de route de s'engarer à Entressen et de n'en repartir qu'après le train 14 et de signaler le train spécial depuis Berre jusqu'à Entressen.

Miramas...... Répéter au chef de train et au machiniste du train 102, qu'ils doivent s'engarer à Entressen, jusqu'après le passage du train 14 ;

Donner l'ordre au chef du train 12, de signaler le train spécial, depuis Entressen jusqu'à Arles.

Arles .... Prévenir le chef du dépôt ;

Faire annoncer le train spécial, depuis Arles jusqu'à Avignon par train 112 ;

Donner très-peu de waggons au train 112, qui devra accélérer sa mache pour arriver à Avignon à 2 heures précises.

Tarascon...... Prévenir les gardes des embranchements que le train spécial prendra la voie directe ;

Presser le service du train 112 et lui donner peu de waggons, de façon à ce qu'il puisse accélérer sa marche et arriver à Avignon à 2 heures précises.

Avignon ...... Faire garer le train 112 et ne le faire partir que 10 minutes après le train spécial ; mettre sur la feuille de route du train 12, que le chef de ce train devra annoncer le train spécial d'Avignon à la Croisière et de Pierrelatte à Montélimar.

Orange........ Prévenir le chef de dépôt ;

Supprimer le train 222, s'il doit avoir lieu ;

Retenir le traiu 110, jusqu'après le passage du train spécial ;

Écrire à la Croisière par le train 12 de faire partir le train 116 à l'heure, en lui disant d'aller se garer à Pierrelatte, pour laisser passer le train spécial et en lui fesant annoncer le train spécial de la Crosière à Pierrelatte.

La Croisière. .. Donner l'ordre au train 116, d'annoncer le train spécial depuis la Croisière jusqu'à Pierrelatte et de se garer à Pierrelatte pour laisser passer le train spécial.

Pierrelatte .... Faire garer le train 116, jusqu'après le passage du train spécial.

Montélimar.... Faire annoncer le train spécial par train 8, depuis Montélimar jusqu'à Andancette et donner l'ordre sur la feuille de route du train 8, et au machiniste de s'engarer à Andancette, pour laisser passer le train spécial ;

Ne faire partir le train 220, qu'après le passage du train spécial.

Valence ...... Prévenir la traction ;

Retenir le train 114, jusqu'après le passage du train spécial.

Tain......... Donner l'ordre, sur feuille de route, au train 12, de signaler le train spécial d'Andancette à Lyon ;

Rappeler au mécanicien et chef de train du train 8, qu'ils doivent s'engarer à Andancette, pour laisser passer le train spécial.

Andancette	Faire garer le train 8, jusqu'après le passage du train spécial.
St.-Rambert ...	Veiller à ce que rien ne s'oppose au passage du train spécial.
Vienne.......	Faire garer le train 228, s'il a lieu, et ne l'expédier qu'après le passage du train 8.
Lyon (Guillotière)	Veiller à ce que rien ne s'oppose au passage du train spécial.
Lyon (Perrache).	Se préparer à recevoir le train spécial.

Le 20 Mai 1857.

N° 1101.

Changement du Tarif des Bagages.

A partir du 1er juin, les excédants de bagages seront taxés d'après le tarif suivant, prescrit par décision ministérielle, en date du 10 avril 1857.

Prix de transport des paquets, colis et excédants de bagages pesant isolément moins de 50 kilogrammes.

(Impôt compris).

De 0 à 40 kilogrammes inclusivement, par tonne et par kilomètre, F. 0 50.
Au-dessus de 40 kilog. » » » 0 40.

La perception s'effectuera :

De 0 à 5 kilogrammes inclusivement, par fraction indivisible de 5 kilogrammes.

Au-dessus de 5 jusqu'à 10 kilogrammes inclusivement, par fraction indivisible de 10 kilogrammes.

Au-dessus de 10 kilogrammes par fraction indivisible de 10 kilogrammes.

Quelle que soit la distance parcourue, la taxe ne pourra être inférieure aux minima ci-après :

Pour les expéditions de 50 kilog. et au-dessous	F.	0 25	Frais de chargement et de déchargement compris.
» au-dessus de 50 kilog...		0 40	

Chaque station recevra par les soins du contrôle :

1° Des tableaux en blanc des prix de transport pour toutes les stations pour lesquelles elle enregistre des bagages.

2° Un barême des nouveaux prix de transport au moyen duquel chaque station devra remplir les tableaux précités.

Pour les relations de la section de Rognac à Aix avec la section de Rognac à Marseille et vice versâ, les taxes seront, aux termes de la décision ministérielle du 16 octobre 1856, calculées sur une distance maximum de 29 kilomètres. Ces stations devront donc avoir égard à cette disposition en remplissant leur tableau précité, et, tout en portant dans la colonne des distances, la distance vraie, porter à l'encre rouge, au-dessous de la distance vraie, la distance maximum servant de base aux taxes, comme l'indiquait le barème qui leur a été envoyé par lettre du 2 novembre 1856.

Le 25 Mai 1857.

N° 1108.

Service de l'embranchement de Chassé à Givors.

Article Premier.

A partir du 10 juin 1857, le service de l'embranchement de **Givors** aura lieu pour le transport des marchandises seulement.

Les trains de marchandises entre **Chasse** et **Givors** auront lieu aux heures prescrites par l'ordre de service de la marche des Trains.

Le service se fera sur deux voies, les trains suivant leur voie normale, c'est-à-dire, la voie gauche.

Art. 2.

Les machines de la ligne de la Méditerranée ne pénétreront jamais sur les voies du chemin de fer du Bourbonnais.

Par contre, les machines de la ligne du Bourbonnais ne pourront circuler sur l'embranchement de **Chasse à Givors**, que dans les cas prévus par l'art. 5.

Art. 3.

A la jonction de l'embranchement avec la ligne principale du Bourbonnais, la prise par les machines du Bourbonnais des waggons allant du chemin de la Méditerranée sur celui du Bourbonnais, et celle par les machines de la Méditerranée des waggons allant du chemin du Bourbonnais sur celui de la Méditerranée, auront lieu comme suit :

Art. 4.

Trains montants de CHASSE à GIVORS.

En arrivant à la communication entre les deux voies principales de l'embranchement, placée près de la ligne du Bourbonnais *(poste de Givors)*, les trains venant de Chasse s'arrêteront, la machine se détachera du train, laissera ses waggons sur la voie principale montante de l'embranchement, passera sur la voie descendante et retournera à Chasse en prenant les waggons chargés qui auront été déposés à l'avance par le chemin du Bourbonnais dans la voie de gare latérale à la voie descendante de l'embranchement, ainsi qu'il sera dit plus bas.

Les waggons amenés de Chasse et laissés sur la voie principale montante de l'embranchement seront emmenés de suite par les soins des employés de la ligne du Bourbonnais.

Le brake venu de Chasse sera retiré du train pour servir aux trains descendants.

S'il arrivait, par suite de dérangement dans le service du Bourbonnais ou de tout autre cause, que les waggons venus de Chasse et laissés sur la voie principale montante de l'embranchement ne puissent être enlevés avant l'arrivée d'un second train venant de Chasse, le second train s'arrêterait avant la communication placée au point où vient aboutir la voie de gare latérale à la voie descendante de l'embranchement *(Poste de la voie de gare)*, la machine se détacherait du train et reviendrait prendre les waggons qu'elle doit emmener à Chasse comme dans le cas précédent.

ART. 5.

Trains descendants de GIVORS à CHASSE.

Les waggons destinés à Chasse seront conduits par les soins de la ligne du Bourbonnais sur la voie descendante de l'embranchement, et engarés par elle dans la voie de gare latérale à la voie descendante.

Après l'engarage, la machine du Bourbonnais prendra la voie descendante de l'embranchement pour retourner *à contre voie*, se mettre en tête des waggons destinés à Givors, et laissés sur la voie montante de l'embranchement.

Pour assurer cette manœuvre, l'employé de la Méditerranée faisant fonction de sous-chef de gare au poste de Givors, ne devra jamais laisser une machine ou un train s'engager sur la voie descendante de l'embranchement, avant que la machine du chemin du Bourbonnais ayant été déposer ses waggons dans la voie de gare, ait effectué son retour.

Les trains destinés à Chasse, partiront du poste de la voie de gare.

En arrivant à la gare de Chasse, à l'aiguille en pointe placée entre le pont et la station, les waggons seront conduits dans la voie de la bascule à l'aide d'une manœuvre à la corde, et la machine qui aura fait le train rentrera à son dépôt par la voie principale. La machine ne pourra passer sur la bascule.

GARDES-AIGUILLEURS.

L'embranchement de Chasse à Givors aura trois postes de gardes-aiguilleurs, importants.

1° Poste de Givors.........	*Communication placée près des voies principales de la ligne du Bourbonnais.* ——— Ce poste sera surveillé par le sous-chef de gare de la Méditerranée, faisant le service à la jonction de l'embranchement de Chasse avec le Bourbonnais.

2° Poste de la voie de Gare. .	*Communication entre les voies principales et changement de voies donnant accès dans la voie de gare latérale à la voie descendante.* Ce poste sera surveillé par le sous-chef de gare de la Méditerranée, faisant le service à la jonction de l'embranchement de CHASSE avec le Bourbonnais.
3° Poste du Pont.	*Aiguille en pointe située sur la voie descendante en donnant entrée sur la voie de la bascule, et communication entre les deux voies principales de l'embranchement.* Ce poste sera surveillé par le chef de la station de CHASSE.

Ces trois postes seront gardés comme suit :

POSTE DE GIVORS.

Ce poste sera gardé par un garde depuis 5 heures du matin jusqu'à 8 heures du soir, après le passage du dernier train.

Ce garde aura sous sa surveillance la communication située sur la voie principale.

POSTE DE LA VOIE DE GARE.

Ce poste sera gardé par un garde depuis 5 heures du matin jusqu'à 8 heures du soir, après le passage du dernier train.

Ce garde aura à manœuvrer et à surveiller :

1° L'aiguille de la communication entre les voies principales ;

2° L'aiguille de la voie de gare latérale à la voie descendante.

De plus, ce garde aura à manœuvrer un signal à disque destiné à couvrir la voie montante lorsqu'elle sera occupée par des waggons destinés au Chemin du Bourbonnais, stationnant, soit entre son poste et celui de GIVORS, soit entre son poste et CHASSE, et lorsqu'elle sera encombrée par quelque cause que ce soit.

POSTE DU PONT.

Ce poste sera gardé par un garde qui aura à manœuvrer et à surveiller l'aiguille en pointe qui donne l'entrée dans la voie de la bascule et la communication entre les voies principales de l'embranchement.

La voie descendante de l'embranchement sera défendue par un mât à disque qui sera manœuvré par un garde dépendant de la station de Chasse.

Le 6 Juin 1857.

N° 1109.

Défense de faire arrêter les trains de marchandises pour prendre ou laisser les Médecins de la Compagnie.

Quelques Chefs de station ont, dans ces derniers temps, arrêté des trains de marchandises pour y faire monter les médecins attachés au service médical, ou des employés de l'administration télégraphique.

C'est une faute.

Il est rappelé :

1° Que les médecins de la Compagnie n'ont pas l'autorisation de monter dans les brakes des trains de voyageurs ;

2° Qu'ils ont l'autorisation, en cas de besoin, de monter dans les brakes des trains de marchandises ;

3° Qu'il est défendu, à moins d'un cas urgent, tel qu'accident ayant amené des blessures très-graves, de faire arrêter ou ralentir un train de marchandises ou de voyageurs, uniquement pour prendre ou laisser un médecin.

4° Que les employés du télégraphe peuvent circuler dans leur section dans les brakes des trains de voyageurs ou de marchandises.

5° Que, sous aucun prétexte, on ne doit arrêter ou faire ralentir un train, soit de voyageurs, soit de marchandises, uniquement pour prendre ou laisser un employé de l'Administration télégraphique.

Le 6 Juin 1857.

N° 1110.

Ordre de transmettre les Dépêches présentées par les Chefs de bureaux ambulants.

En vertu d'un arrêté de Son Exc. le Ministre de l'Intérieur, en date du 4 juin 1857,

Les Compagnies des chemins de fer sont autorisées à transmettre en franchise, par leurs fils et leurs appareils, les dépêches télégraphiques qui leur seront présentées par les chefs des bureaux ambulants de l'Administration des Postes.

En conséquence, les chefs des stations où se trouvent des postes télégraphiques devront transmettre gratuitement les dépêches qui leur seront présentées par les agents des postes précités.

Le 16 Juin 1857.

N° 1113.

Manière de timbrer les billets. Renvoi au contrôle des billets recueillis dans les stations.

Les receveurs ne timbrent pas uniformément les billets délivrés aux voyageurs pour les trains de nuit 15, 17, 18 et 20. Dans quelques stations, ces billets sont timbrés du jour du départ du train, dans d'autres, du jour où passe réellement le train à la station.

A l'avenir, les billets devront toujours porter la date du jour où ils ont été délivrés.

Pour citer un exemple :

Les billets des voyageurs prenant les trains 15, 17, 18 et 20, partis de Lyon ou de Marseille le 27 au soir, et délivrés après minuit, dans la nuit du 27 au 28, devront porter la date du 28.

A cette occasion, il est prescrit aux chefs de station de renvoyer au Contrôle général, le jour même où on les reçoit, les billets recueillis au passage ou à l'arrivée des trains de nuit 15, 17, 18 et 20.

Ainsi, les billets délivrés pour les trains 15, 17, 18 et 20, partis de Lyon ou de Marseille le 27 soir, devront être renvoyés au Contrôle le 28 matin, avec les billets recueillis dans la journée du 27, quand bien même on serait forcé, pour faire cet envoi, de reculer d'un train l'envoi des sacs de billets.

Néanmoins, en faisant cet envoi, les chefs de station auront le soin de faire un paquet séparé de tous les billets recueillis aux trains 15, 17, 18 et 20, qui auront été délivrés **après minuit.** Il sera facile de les reconnaître d'après la date qu'ils devront porter, conformément aux instructions données par la présente circulaire.

Le 28 Juin 1857.

N° 1115.

Ouverture de la section de Rives à Grenoble.

A partir du 12 juillet, et par suite de l'ouverture d'une nouvelle section de la ligne de **St.-Rambert** à **Grenoble**, les stations de Marseille, Tarascon, Avignon, Orange, Montélimar, Valence, Tain, Vienne et Lyon délivreront des billets et enregistreront des bagages, voitures, chiens et chevaux pour les stations de Voiron et Grenoble (Pique-Pierre).

La distribution des billets et l'enregistrement des bagages, chevaux, voitures et chiens se fera pour ces nouvelles stations, conformément aux instructions déjà en usage pour la correspondance avec le chemin de fer de St.-Rambert.

Les stations précitées recevront en temps voulu, par les soins du Contrôle, les billets, fiches et tarifs nécessaires à ces nouvelles correspondances.

A partir du 12 juillet, les billets pour Grenoble, actuellement en usage ne seront plus délivrés au public, et ceux restant dans les casiers devront être renvoyés au Contrôle, à Marseille, avec bordereau.

Le 9 Juillet 1857.

N° 1116.

Faculté de délivrer des places de Coupé dans les trains omnibus qui ont des voitures de 1re Classe.

A partir du 15 Juillet, les trains omnibus nos 8, 15, 18, 5, ayant dans leur composition des voitures de 1re classe avec coupé, toutes les stations pourront délivrer des places de coupé aux voyageurs qui partiront par ces trains.

Ces places seront délivrées conformément à la circulaire n° 937, dont un exemplaire est joint à la présente.

Les stations qui ne seraient pas pourvues de timbre **Coupé**, devront en faire la demande au magasin par bon réglementaire, en rappelant sur leur demande, qu'outre le mot **Coupé**, le timbre doit porter le numéro d'ordre de la station qui fait la demande.

En attendant que les timbres soient fournis par les magasins, les stations y suppléeront, en écrivant à la main le mot **Coupé**, au dos du billet et en timbrant le billet du nom de la station.

Le 10 Juillet 1857.

N° 1117.

Suppression du changement de voitures à Perrache.

A partir du 15 Juillet, la correspondance des trains de la Méditerranée avec ceux de la ligne de Paris à Lyon, s'effectuera à Perrache, sans changement de voitures pour les voyageurs ; mais les bagages et articles de messagerie, continueront à être transbordés et reconnus comme cela se fait actuellement.

Les trains qui feront le trajet entier de la ligne de la Méditerranée jusqu'à Paris, sont les suivants :

Omnibus nos 8, 18.

Express » 12, 20.

Ceux qui feront le trajet entier de la ligne de Paris à Lyon sur celle de la Méditerranée, sont les suivants :

Omnibus nos 5.

Express » 17 et 7.

Par suite, le matériel de la ligne de la Méditerranée et celui de la ligne de Paris à Lyon, circuleront indistinctement sur les 2 lignes.

Néanmoins, les voitures mixtes **B** de la Méditerranée ne devront pas être admises dans la composition des trains allant directement d'une ligne sur l'autre, à moins d'une adjonction, par suite d'affluence des voyageurs.

En conséquence, à partir du 15 Juillet, la composition des trains 8, 18, 12, 20, 5, 17 et 7, en voitures à voyageurs, devra se faire comme suit :

Train No 8.

De MARSEILLE à LYON.

3 voitures de 3me classe.
2 » de 2me » de la ligne de Paris.
1 » de 1re »

Train No 18.

De MARSEILLE à LYON.

4 voitures de 3me classe.
2 » de 2me » de la ligne de Paris.
1 » de 1re »

Trains Nos 12 et 20.

De MARSEILLE à LYON.

4 voitures de 1re classe.

Les voyageurs à destination de la ligne de Paris à Lyon devront être classés de préférence dans les trois premières voitures du train. Cependant cette instruction ne devra jamais être exécutée contre le gré des voyageurs.

Train N° 5.

De LYON à MARSEILLE.

3 voitures de 3me classe.
2 » de 2me » de la ligne de Paris à Lyon.
1 » de 1re »

Au passage de ce train à Rognac, Rognac y ajoutera une voiture mixte **B**.

Par exception, le train omnibus n° 15, quoique ne correspondant pas avec un train de la ligne de Paris, partira de Lyon formé comme suit :

4 voitures de 3me classe.
2 » de 2me » de la ligne de Paris.
1 » de 1re »

Trains Nos 7 et 17.

De LYON à MARSEILLE.

4 voitures de 1re classe.

Rien n'est changé au nombre de waggons de service, qui doivent entrer dans la composition des trains 8, 12, 18, 20, 5, 7, 15, 17, ni à la composition de leur chargement.

Aucun changement n'est apporté à la composition des autres trains du service.

Les stations de formation de train recevront, en temps voulu, le matériel nécessaire à l'exécution de la présente.

Les chefs de station devront mentionner avec soin et séparément, sur leur rapport dans le restant du matériel, le matériel appartenant à la Compagnie de Paris à Lyon et celui appartenant à la Compagnie de la Méditerranée.

Jusqu'à nouvel ordre, il ne sera pas apporté de modifications à la distribution des places de coupé, pour les voyageurs allant de la ligne de la Méditerranée sur celle de Paris à Lyon.

Le 10 Juillet 1857.

N° 1118.

Muselage des Chiens.

Depuis quelque temps, on n'exige plus dans beaucoup de stations, que les Chiens admis dans les trains, soient muselés.

C'est une faute.

Les Chiens ne peuvent être admis dans les trains, que muselés, en quelque saison que ce soit; qu'ils soient placés dans les cages à chiens, ou dans les voitures.

A l'avenir, les chefs de train et gardes-freins, devront désigner les stations qui leur remettront des Chiens non muselés, afin qu'une punition soit infligée aux employés qui ne se seront pas conformés aux instructions reçues.

Le 10 Juillet 1857.

N° 1122.

Instructions relatives au transport des Rails par les Trains de voyageurs.

A l'avenir, les Rails ne devront plus être transportés par les trains de voyageurs.

On devra donc refuser de les recevoir comme bagage ou comme article de messagerie.

Cette mesure est prise conformément à une décision ministérielle en date du 20 mai 1856.

Le 16 Juillet 1857.

N° 1123.

Organisation de la Télégraphie privée dans les postes des gares.

A dater du 1er Août, les postes télégraphiques établis dans les stations d'Arles, de Tarascon, de Valence et St.-Rambert, devront transmettre et recevoir les dépêches privées.

Les dépêches privées à transmettre devront être passées par les postes des stations au poste de l'Etat ou au poste mixte le plus voisin.

Ainsi, les postes des stations de Valence et Arles, étant en communication avec les postes de l'Etat établis dans ces deux villes, devront leur transmettre les dépêches privées pour les faire parvenir à destination.

Le poste de Tarascon devra les passer au poste mixte d'Avignon, ou de Nimes, ou de Marseille. Celui de St.-Rambert, au poste mixte de Tain ou de Vienne, selon la direction que doit suivre la dépêche.

De même, toutes les fois qu'un poste télégraphique d'une station recevra une dépêche privée, à destination de la ville même où se trouve la station, ou des points situés en dehors de la ville, ce poste devra, s'il y a un poste de l'Etat établi dans cette ville, lui transmettre la dépêche pour qu'il la fasse parvenir au destinataire.

Ainsi, si Arles reçoit une dépêche privée à destination d'Arles même, ou d'un point situé en dehors d'Arles, Fontvielle, par exemple, le poste de la gare doit transmettre la dépêche à la direction télégraphique d'Arles.

Quant à St.-Rambert et Tarascon, qui n'ont pas de poste de l'Etat dans leur ville, les postes de ces deux gares devront faire porter eux-mêmes les dépêches au destinataire, soit par un employé de la gare si le destinataire réside en ville, soit par un exprès si le destinataire demeure hors ville.

Les chefs de station d'Arles, Tarascon, Valence et St.-Rambert devront se conformer d'ailleurs pour la transmission, la réception et la tenue des registres des dépêches privées, au règlement sur la télégraphie privée à l'usage des chefs de gare, en date du 20 Juin 1857 et émanant du Directeur Général des lignes télégraphiques, dont un exemplaire est joint à la présente.

Les chefs de station recevront en même temps que la présente :

1° Un tarif télégraphique tout calculé ;

2° Une carte télégraphique ;

3° Un registre à souche pour l'enregistrement des dépêches ;

4° Un exemplaire de la loi du 21 Juillet 1856 avec un résumé des instructions sur le service de la télégraphie privée ;

5° Tous les imprimés relatés dans le règlement du 20 juin 1857.

Il y a lieu, néanmoins, de compléter ce règlement général par des explications qui permettent aux chefs de station de procéder d'une manière uniforme dans l'application des mesures prescrites.

Les recettes des dépêches effectuées par les postes des gares doivent être versées tous les matins à la caisse centrale à Marseille. Ces versements se feront comme suit :

Chaque jour, les postes des gares autorisés à transmettre et recevoir des dépêches privées, dresseront un bordereau des sommes perçues par eux, pour le service de la télégraphie privée.

Ce bordereau sera dressé sur le cahier à souche qui est joint à la présente circulaire.

La souche détachée sera envoyée chaque jour au Contrôle, épinglée au bordereau des voyageurs.

Elle portera le mot *néant* quand il n'y aura point de recettes effectuées.

Le montant des recettes sera versé à la caisse avec les autres recettes provenant de la station, et on devra le mentionner sur le bordereau de versement, envoyé à la caisse aux recettes diverses et sous la rubrique *Produit de la télégraphie privée.*

Les stations ouvertes à la télégraphie privée se trouveront également dans le cas de faire des déboursés pour ce service, tels que, courses, frais d'exprès, etc., etc.

Afin de se rembourser de leurs avances, les chefs de station dresseront un **Bordereau de dépenses**, sur lequel ils inscriront tous les déboursés qu'ils auront été dans le cas de faire pour la télégraphie privée.

Ce bordereau, dressé sur le cahier à souche joint à la présente, la souche détachée sera versée à la caisse comme argent.

Toutes les copies de dépêches, les originaux des dépêches, registres à souche, demandes d'imprimés dont il est parlé dans les articles 24, 25, 26, 27 du règlement émanant de l'Administration télégraphique, devront être adressés par les chefs de station au Chef du mouvement, à Marseille.

Le 20 Juillet 1857.

N° 1124.

Instructions relatives au transport des rails par les trains de voyageurs.

Il doit être entendu que la circulaire 1122, qui défend de transporter les rails par les trains de voyageurs, ne s'applique pas aux rails, bouts de rails, pièces de changement de voie, qui peuvent être placés dans les brakes ou dans les fourgons à bagages.

Les rails, bouts de rails, pièces de changement de voie, etc., etc., qui pourront être placés dans les brakes ou fourgons à bagages, pourront donc être transportés comme bagages ou articles de messagerie.

Le 26 Juillet 1857.

N° 1125.

Chiens enregistrés gardés par les voyageurs dans leurs compartiments.

Il arrive quelquefois que les stations qui autorisent les voyageurs à garder avec eux des chiens, laissent à ces voyageurs les bulletins d'enregistrement.

C'est une faute qui peut exposer la Compagnie à des réclamations non fondées.

En conséquence, il est rappelé que, toutes les fois qu'un voyageur est autorisé à garder un chien avec lui, le bulletin d'enregistrement du chien doit être retiré de ses mains et remis au chef du train, afin qu'il l'épingle à la feuille de bagages destinée à la station où s'arrête le voyageur.

Les contrôleurs, soit de route, soit d'arrivée, lorsqu'ils trouveront un voyageur conduisant un chien et non muni de bulletin d'enregistrement devront, avant de percevoir, s'adresser au chef du train pour s'informer s'il possède le bulletin du chien admis dans les voitures.

Le 26 Juillet 1857.

N° 1131.

Mise en usage des nouveaux règlements.

A partir du 1er septembre, les règlements

des Signaux,
des Signaux pétards,
des Chefs de station,
des Gardes,
des Chefs de train et Gardes-freins,

actuellement en vigueur, seront annulés et remplacés par de nouveaux règlements, en date du 1er juillet 1857.

Les chefs de station, le chef de train principal, les gardes-chefs seront pourvus en temps voulu, de nouveaux règlements, qu'ils distribueront à leurs employés, conformément à la Circulaire n° 803 en date du 21 août 1856.

Les hommes d'équipe chargés de manœuvrer les signaux disques devront être pourvus d'un règlement du service des gardes, comprenant le règlement des signaux.

Le reçu de tous ces règlements, signé par chaque employé, devra être envoyé au chef du mouvement, et de plus, les employés devront signer le registre établi dans les stations constatant qu'ils ont reçu les instructions concernant leur service.

La mise en vigueur des nouveaux règlements n'annule pas :

L'ordre de service 608, en date du 1er janvier 1856 (*Consignes relatives à la marche des trains*);

L'ordre de service 680, en date du 1er juin 1857 (*Circulation des trains sur la station de Rognac à Aix*).

Les prescriptions de ces deux ordres de service continueront à être exécutées rigoureusement.

Le 10 Août 1857.

N° 1133.

Modifications dans les feux d'arrière-train.

A partir du 1er septembre 1857, les lanternes d'arrière-train, dites lanternes anglaises, et s'accrochant aux crochets d'attelage, ne seront plus mises en usage.

Elles seront remplacées par des lanternes rondes pareilles aux lanternes d'avant-train, mais ayant un verre rouge.

Ces lanternes seront placées conformément à l'article 6 du nouveau règlement des signaux, sur une douille fixée aux châssis des brakes à la hauteur du crochet d'attelage.

Lorsqu'il y aura lieu de signaler un train spécial ou facultatif, la 4e lanterne rouge sera placée sur la douille posée à côté du frein du brake.

Les stations dont le service exige un approvisionnement de lanternes d'arrière-train, devront faire la demande au magasin, de lanternes nouveaux modèles, dès la réception de la présente.

Les lanternes anglaises seront conservées dans les stations pour servir en cas de besoins extraordinaires.

Par suite de cette modification dans la pose des signaux d'arrière et conformément, du reste, à l'art. 13 du règlement des chefs de station, il sera interdit à partir du 1er septembre de mettre derrière le brake d'un train aucun truck, waggon ou voiture, soit le jour, soit la nuit.

Le 12 Août 1857.

N° 1134.

Prescriptions relatives au nombre de freins qu'il doit y avoir dans les trains de voyageurs.

Conformément à l'article 13 du règlement des chefs de station qui sera mis en vigueur à partir du 1er septembre 1857, chaque train de voyageurs devra avoir à l'arrière un waggon à frein.

Outre le waggon-frein d'arrière, il devra y avoir dans les trains de voyageurs composés de 8 à 15 voitures, un fourgon ou une voiture à freins et deux dans les trains composés de 16 à 24 voitures.

Les trains de voyageurs étant toujours pourvus, d'après la circulaire qui fixe la composition de chaque train, de deux freins, celui du fourgon à bagages manœuvré par le garde-freins, et celui du brake manœuvré par le chef de train, les trains pourront être composés de 15 pièces sans qu'il soit besoin de rien changer au nombre de freins qui se trouvent réglementairement aux trains. Mais lorsque, par suite d'affluence de voyageurs ou de tout autre motif, un train de voyageurs se composera de plus de 15 pièces, le chef de la station qui ajoutera au train les waggons ou voitures qui porteront la composition des trains à plus de 15 pièces, devra prendre les mesures nécessaires pour qu'il y ait un frein en sus de ceux du fourgon à bagages et du brake.

A cet effet, si dans les voitures qui sont attelées au train, il n'y a pas de voiture munie d'un frein, il ajoutera au train un fourgon à bagages ou un brake.

S'il ajoute un brake, il aura soin de le placer derrrière les voitures à 6 roues et jamais en tête, à moins d'impossibilité absolue.

Le chef de station qui fera partir un train composé de plus de 15 pièces, devra désigner un employé pour partir avec le train et manœuvrer le troisième frein.

Lorsque ce cas se présentera dans une station où il y a des chefs de train de réserve, le chef de station fera partir un des chefs de train ou garde-freins de réserve; mais quand le fait aura lieu dans une station où il n'y a pas de chef de train de réserve ou lorsque les chefs de train de réserve seront absents, le chef de la station désignera un garde ou un facteur-surveillant pour manœuvrer le troisième frein.

Le garde ou facteur-surveillant devra être muni, le jour comme la nuit :

D'une lanterne à trois feux,

D'un drapeau,

D'un étui à pétards,

D'un exemplaire de la marche des trains.

Il sera pendant tout le parcours du train sous les ordres du chef de train et du garde-freins.

A l'arrivée du train à sa destination, le garde ou le facteur-surveillant détaché, retournera à sa station par premier train dans le brake ou dans le fourgon à bagages; il prendra part pendant son trajet de retour au service du train, toujours sous les ordres du chef de train et du garde-freins.

Il remportera naturellement avec lui ses signaux de route.

Afin que les gardes ou facteurs-surveillants détachés pour la manœuvre des freins soient autant que possible au courant du service des gardes-freins, les chefs de station désigneront d'avance ceux de ces employés qui seront détachés pour le service des trains en cas de besoin.

Ils les muniront, contre reçu, d'un règlement de conducteurs de trains. Les chefs de station devront demander au magasin, par bons réglementaires, le drapeau, la lanterne et les pétards qu'ils donneront à l'employé détaché pour le service des trains.

Toutes les fois qu'un chef de station détachera un garde ou un facteur surveillant pour le service des trains, il devra lui remettre un **Bon de retour à la station** indiquant le nom de l'employé, celui de son poste, le numéro du train qu'il a accompagné, celui par lequel il doit revenir à son poste.

De plus, il fera mention, sur son rapport, du déplacement de l'employé, et en envoyant les feuilles de paie, il devra y joindre un état des employés déplacés pour le service des trains, spécifiant les trains par lesquels ces employés sont partis, ceux par lesquels ils sont revenus.

Le 12 Août 1857.

N° 1135.

Service de ballastage des Milles.

A partir du 21 courant et jusqu'à nouvel ordre, un service de ballastage aura lieu sur l'embranchement d'Aix ; tout le ballast sera pris à la carrière de la station des Milles.

Le service des trains de ballastage aura lieu comme suit :

Entre LES MILLES et AIX.

Les trains de ballast entre Les Milles et Aix ne pourront circuler que sur la seconde voie, soit, celle non livrée à l'exploitation.

Ces trains seront faits à des heures indéterminées, depuis 6 h. 30 du matin, jusqu'à 6 h. du soir.

Par suite, aucune autre machine et aucun autre waggon que ceux du service de ballastage, ne pourront être mis en circulation sur la seconde voie. Le chef de train qui les conduira, devra toujours se conformer aux instructions suivantes :

1° En allant des Milles vers Aix, la machine devra toujours pousser les waggons et non les traîner ; dans le sens d'Aix aux Milles, elle devra toujours les traîner et jamais les pousser ;

2° Sous aucun prétexte, la machine des trains de ballast ou les waggons ne devront être conduits sur la voie principale servant à la circulation des trains ;

3° A chaque train de ballast, il devra y avoir un waggon-frein dans lequel se tiendra le chef de train ; ce waggon-frein sera placé en tête des trains en allant vers Aix et en queue en allant vers les Milles.

Service entre LES MILLES et ROGNAC.

Les trains entre les Milles et la partie de la ligne comprise entre les Milles et Rognac, se feront comme suit :

1er Train.

Entre les MILLES et VELAUX.

Aller.

Départ des MILLES......	6 h. 30 matin après le train 29.	Déchargement en route.
Arrivée à VELAUX......	7 h. 30 » précises.	

Garage à VELAUX pour laisser passer les trains 227 et 32.

Retour.

Départ de VELAUX...... 8 h. 20 matin, après le passage des trains 32 et 227.
Arrivée aux MILLES..... 8 h. 50 » précises.

2me Train.

Entre les MILLES et ROGNAC.

Aller.

Départ des MILLES....	9 h. 40 matin, après le train 10.	Déchargement en route.
Arrivée à ROGNAC....	10 h. 50 »	

Retour.

Départ de ROGNAC.... 11 h. 10 matin.
Arrivée aux MILLES... 11 h. 50 » précises.

3me Train.

Entre les MILLES et ROGNAC.

Aller.

Départ des MILLES......	2 h. 05 soir, après le train 34.	Déchargement en route.
Arrivée à ROGNAC......	3 h. 10 » précises.	

Retour.

Départ de ROGNAC....... 4 h. 10 soir, après les trains 13 et 36.
Arrivée aux MILLES...... 4 h. 50 » précises.

La machine qui fera les trains sur la partie de la ligne située entre les Milles et Rognac, devra toujours traîner les waggons et jamais les pousser.

Chaque train sera terminé par un waggon-frein dans lequel se tiendra le chef de train.

Prescriptions générales.

La nuit et en temps de brouillards, des feux blancs seront placés en tête du train et un feu rouge à l'arrière.

Au moment du passage des trains du service ordinaire sur la voie principale devant la station des Milles, il ne devra jamais se trouver sur la deuxième voie livrée au service du ballastage, aucun waggon, aucune machine ou aucun objet quelconque pouvant entraver la circulation à moins de 500 mètres des aiguilles qui font communiquer la voie principale à la deuxième voie.

La machine destinée à faire les trains de ballast sera remisée à Aix.

Elle se rendra tous les matins d'Aix aux Milles par la seconde voie, en partant d'Aix 10 minutes après le train 29. Elle se rendra des Milles à Aix par la seconde voie, après la fin de son service, en partant des Milles 10 minutes après le train 38.

En fesant les trains de ballast, elle prendra de l'eau à Roquefavour ou à Rognac, et si par suite de circonstances imprévues, elle était obligée de rentrer à Aix dans la journée, elle y rentrerait en suivant la deuxième voie.

Toutes les fois que la machine isolée parcourra la seconde voie, elle ne pourra marcher à plus de 20 kilomètres à l'heure.

Il est interdit, de la manière la plus formelle, d'envoyer la machine du ballastage d'Aix aux Milles et vice versa, par la voie livrée au service des trains.

Le chef de station d'Aix, s'il a besoin d'aller avec une machine de réserve au secours des trains du service, régulier tiendra compte, dans l'itinéraire qu'il suivra, des trains autorisés par la présente.

Les chefs de station, chefs de train et employés qui prendront part au service de ballastage, se conformeront, du reste, aux mesures de précautions prescrites par les règlements.

Le 19 Août 1857.

N° 1136.

Installation des billets au quart de tarif et passe-partout.

A partir du 20 Août, les militaires ou marins voyageant isolément pour causes de service, envoyés en congé illimité ou en permission, ou rentrant dans leurs foyers après libération, ne seront assujettis, eux, leurs chevaux et leurs bagages qu'au quart de la taxe du tarif.

Les militaires ou marins voyageant en corps, quelle que soit la force du détachement, ne seront assujettis également, eux, leurs chevaux ou leurs bagages, qu'au quart de la taxe du tarif.

A partir de la même date, les femmes, les enfants et les domestiques accompagnant un militaire, portés sur la feuille de route du militaire ou munis d'une feuille de route, ne jouiront plus d'aucune réduction de tarif et seront traités comme des voyageurs ordinaires.

Billets.

A dater du 20 Août, on délivrera donc aux militaires ou marins voyageant isolément et porteurs d'une feuille de route, d'un congé régulier ou d'une permission du chef du corps auquel ils appartiennent, des billets *au quart du tarif ordinaire.*

Les billets de *quart de place* n'étant pas encore confectionnés, on délivrera aux militaires ou marins les billets à demi-tarif qui sont actuellement en usage, moyennant le paiement du quart du tarif.

Des tableaux du prix des places au quart du tarif seront remis aux stations en temps voulu par les soins du Contrôle.

Afin d'éviter tout malentendu, tous les billets de demi-tarif délivrés aux militaires ou marins moyennant le paiement du quart du tarif, seront frappés sur la face du timbre *militaire.*

Dès la réception de la présente, tous les billets de demi-tarif se trouvant dans les casiers, devront être immédiatement frappés du mot militaire.

Comptabilité.

Le décompte des billets au quart du tarif se fera sur les bordereaux qui ont servi jusqu'à présent au décompte des billets de demi-tarif.

Bagages, Chevaux.

Les excédants de bagages et les chevaux appartenant aux militaires ou marins seront taxés au quart du tarif. Jusqu'à ce que des barêmes complets aient été envoyés, les chefs de station et facteurs-chefs prendront le quart de la taxe indiqué par le tableau de tarif de bagages qu'ils ont en leur possession, en ayant soin de tenir compte de l'enregistrement qui est compris sur le tableau.

Néanmoins le minimum de perception pour les excédants de bagages est fixé à 25 centimes.

Les souches et les feuilles de route de bagages et les bulletins de bagages et de chevaux appartenant aux militaires ou marins devront être timbrés du mot Militaire.

A partir du 20 Août également, on ne délivrera plus aux enfants de 3 à 6 ans, aux indigents et aux personnes auxquelles la Compagnie a accordé la faveur de voyager à moitié prix, les billets à demi-tarif qui leur ont été délivrés jusqu'à ce jour; ces billets étant réservés ainsi qu'il vient d'être dit plus haut aux militaires et marins.

Aux personnes voyageant à demi-tarif, il sera délivré des billets *passe-partout*, qui parviendront aux stations en temps voulu par les soins du Contrôle.

Ces billets porteront imprimé :

1° Le nom de la station de départ ;

2° La désignation de la classe de voiture.

En délivrant ces billets, le receveur inscrira, à la main, très-lisiblement, le nom de la station destinataire.

Ces billets n'auront qu'une seule série de numéros par classe, sans avoir égard aux destinations différentes; seulement afin que les receveurs puissent facilement opérer le compte de leurs recettes, ils seront pourvus d'un carnet pour chaque classe de billets, qui répétera le numéro des billets passe-partout, et au fur et à mesure qu'ils feront au public la distribution des billets, ils écriront sur le carnet, en face du numéro du billet délivré, la destination qu'ils auront inscrite sur le billet même.

Comptabilité.

Les billets à demi-tarif seront décomptés sur un bordereau spécial dont les stations seront pourvues en temps voulu.

Le 18 Août 1857.

N° 1138.

Transport des prisonniers en compartiment séparé.

A partir du 23 Août, les prisonniers voyageant dans les trains seront placés, ainsi que leurs gardiens ou leur escorte, dans des compartiments de 2e classe, toutes les fois qu'ils ne seront pas renfermés dans des voitures cellulaires.

A cet effet, à chaque train, un compartiment de seconde classe sera affecté au transport des prisonniers. Ce compartiment sera celui placé le plus près de la machine.

Dans les voitures mixtes (B) le compartiment entier de 15 places sera réservé aux prisonniers. Dans les voitures de 2e classe de Paris, un compartiment de 10 places leur sera réservé.

Aucun voyageur ne pourra être admis dans les compartiments réservés aux prisonniers, qu'ils soient occupés ou non.

Les prescriptions qui précèdent s'appliquent également aux jeunes délinquants qui sont transférés dans des établissements d'éducation.

Les transports des prisonniers et détenus dans des compartiments séparés de 2e classe, sera fait moyenant le prix de F. 0 22 c. par kilomètre, *par réquisition* et par compartiment *de* 10 *places*, quel que soit le nombre de prisonniers portés sur la réquisition.

Ainsi, le transport de 1 prisonnier et 1 gardien, en tout deux personnes, sera taxé à F. 0 22 c. par kilomètre. Celui de 8 prisonniers et 2 gendarmes, en tout 10 personnes, sera taxé au même prix F. 0 22 c. par kilomètre. Le transport de 9 prisonniers et 2 gendarmes, en tout 11 personnes, sera taxé à F. 0 44 c. par kilomètre. Celui de 15 prisonniers et 5 gardiens, en tout 20 personnes, sera également compté à F. 0 44 c. par kilomètre.

Il est entendu d'ailleurs qu'on peut mettre dans le même compartiment des prisonniers pris à différents points de la ligne et allant à des destinations différentes.

Ainsi, en supposant que 5 prisonniers et gardiens partent de Marseille pour Arles, et qu'à Rognac le même train, prenne 3 autres prisonniers ou gardiens pour Lyon, on pourra mettre les 8 personnes ensemble dans le même compartiment.

Dans ce cas, la taxe du transport ne variera pas, et sera toujours celle qui vient d'être prescrite, c'est-à-dire, que le transport de 5 personnes et gardiens partis de Marseille pour Arles sera celculé à F. 0 22 c. par kilomètre d'Arles à Marseille, et que celui des prisonniers montés dans le train à Rognac sera calculé également à raison de F. 0 22 c. par kilomètre de Rognac à Lyon.

Le retour des escortes sera calculé à moitié prix du tarif des places de 3e classe pour les gardiens ou employés de l'Administration, et au quart du tarif pour les gendarmes.

Le transport des prisonniers pourra être fait sur des réquisitions *payables comptant* ou à encaisser après transport effectué. On procédera pour ces deux cas différents, comme on l'a fait jusqu'à présent pour les transports sur réquisition.

Rien n'est changé pour le transport des prisonniers en voitures cellulaires.

Le 20 Août 1857.

N° 1139.

Boîtes de Secours des trains.

A partir du 1er septembre, les boîtes de secours qui étaient déchargées à l'arrivée de chaque train et rechargées dans un autre train, ne seront plus transbordées.

A partir de la même époque, chaque brake à voyageurs sera muni d'une boîte de secours qui y sera placée à demeure, dans un caisson construit à cet effet sous le casier destiné au classement des feuilles de route de bagages, de messagerie et à la correspondance.

Lorsque les brakes seront gardés en réserve dans une station, les chefs de station auront le soin de veiller à ce que les boîtes de secours ne soient jamais touchées et ouvertes sans nécessité et sans leur autorisation.

Lorsqu'un brake sera envoyé en réparation aux ateliers d'Arles, de Lyon ou de tout autre endroit, le chef de la station d'Arles, le chef de la station de la Guillotière ou de toute autre station, qui recevra de la ligne un brake pour le livrer aux ateliers, aura le soin, en le remettant aux ateliers, de se faire donner un reçu constatant que ce brake leur a été remis avec sa boîte de secours.

Toutes les fois qu'un brake rentrera des ateliers, le chef de station qui en prendra livraison devra donner à son tour aux ateliers un reçu constatant que ce brake lui a été remis avec sa boîte de secours en bon état.

La station de Marseille est chargée de garnir les brakes de boîtes de secours. Dès la réception de la présente, on devra donc diriger sur Marseille tous les brakes qui ne sont pas encore munis des boîtes de secours, mais jusqu'au 1er septembre on continuera à faire le service de ces boîtes comme il se fait actuellement, quand bien même le brake qui serait dans le train serait déjà muni d'une boîte de secours placée dans le caisson du brake.

Le 31 Août au soir, toutes les boîtes de secours qui pourraient se trouver dans les stations seront renvoyées en messagerie au chef de station de Marseille.

Mais il doit être entendu que les stations qui ont été désignées comme devant toujours avoir une boîte de secours en permanence en leur possession, devront garder cette boîte et ne pas la renvoyer à Marseille.

Le 24 Août 1857.

N° 1140.

Transport des détenus militaires.

La circulaire n° 1138 prescrit que le transport des détenus et leur escorte sera fait sur réquisition à raison de F. 0.22 centimes par réquisition, par kilomètre et par compartiment de 10 places.

Les détenus militaires étant expédiés par l'entremise des convoyeurs militaires, il importe de donner, à ce sujet, quelques instructions aux receveurs et aux chefs de station.

Le transport des détenus militaires expédiés par l'entremise des convoyeurs militaires se payera toujours comptant avant le départ.

La taxe de ces transports sera calculée d'après les bases fixées par la circulaire n° 1138.

Les mandats de convois des détenus et de leur escorte présentés par le convoyeur militaire, seront considérés comme des réquisitions émanant de l'autorité militaire en ce qui concerne l'exécution du transport, mais ils ne sont reçus qu'à titre de renseignement.

Sur le vu de ces mandats de convoi et d'après leur contenu, le chef de station ou le receveur dressera un **Bulletin de transport sur réquisition**, sur lequel il relatera le nombre des détenus et des gardiens portés sur les mandats de convoi, leur point de départ, le lieu de leur destination.

Un bulletin de réquisition ne pourra contenir des transports pour des destinations différentes.

Après avoir dressé le bulletin de réquisition, le chef de station ou le receveur en percevra le montant **en espèces**, il rendra au préposé des convois militaires ou au gardien, les mandats de convoi, après les avoir timbrés du nom de la station de départ.

Il remettra de plus au gardien le bulletin de réquisition sur lequel il aura écrit les mots **payé comptant**. Ce bulletin devra être rendu par le gardien au chef de station d'arrivée. Le double du bulletin de réquisition sera envoyé au Contrôle dans la liquidation et le receveur se débitera du montant de la somme perçue dans sa liquidation au-dessous des perceptions supplémentaires, sous la rubrique :

Transport sur réquisition payé comptant suivant bulletin n° ci-joint.

Les bulletins de réquisition remis par les gardiens à leur arrivée seront renvoyés au Chef du Mouvement à Marseille, par les soins du chef de la station d'arrivée.

Le 25 Août 1857.

N° 1141.

Autorisation de laisser les voyageurs emporter avec eux des sacs d'espèces.

A l'avenir et conformément à une décision ministérielle, en date du 20 août 1857, **les sacs d'espèces** que les voyageurs désirent garder avec eux dans les voitures ne seront pas soumis à la taxe.

Le poids maximum des espèces en sacs *(or, argent, billon)* que les voyageurs peuvent garder avec eux *gratuitement* est fixé à 25 kilogrammes.

La Compagnie est affranchie de toute responsabilité, en cas de perte, pour les sacs d'espèces transportés dans ces conditions.

Le 26 Août 1857.

N° 1143.

Transports sur réquisitions.

A l'avenir, les transports sur réquisition pourront être faits, des stations de la ligne de Lyon à la **Méditerranée,** aux stations de la ligne de Paris à Lyon, et embranchement.

Un tableau des distances kilométriques de la ligne de Paris à Lyon, joint à la présente, permettra aux chefs de station et aux receveurs de percevoir le montant des réquisitions payées comptant, pour les transports allant de la ligne de la Méditerranée sur la ligne de Paris à Lyon.

Le 1er Septembre 1857.

N° 1144.

Etablissement des billets d'aller et retour pour Beaurepaire et La Côte.

A dater du 5 septembre 1857 il sera délivré des billets d'aller et retour entre **Lyon et Vienne et Beaurepaire et La Côte St.-André.**

PRIX DES BILLETS :

STATION DE DÉPART ET DE DESTINATION.		PRIX DES PLACES (Aller et Retour). 1re Classe.	2e Classe.	3e Classe.
De Lyon aux stations ci-contre et de chacune de ces stations à Lyon.......	Beaurepaire......	13 80	10 30	7 60
	La Côte-St.-André	14 50	11 »	8 »
De Vienne aux stations ci-contre et de chacune de ces stations à Vienne........	Beaurepaire	7 50	5 60	4 »
	La Côte-St.-André	9 »	6 80	5 »

Les billets délivrés pour la journée du samedi sont valables pour le retour jusqu'au lundi inclusivement.

Ceux qui sont délivrés la veille de jours de fêtes légales sont également valables pour le retour jusqu'au lendemain de ces fêtes.

Les billets d'Aller et Retour ne peuvent servir que pour les lieux de départ et de destination qu'ils indiquent. Ils donnent droit de circuler dans tous les trains à l'exception des trains express.

Les voyageurs qui descendent à une station située au-delà de celle pour laquelle ils ont pris leurs billets paient, s'il y a lieu, à l'arrivée, le supplement de prix que comporte, d'après le tarif ordinaire, le parcours qu'ils ont réellement effectué.

Contrairement à ce qui se fait pour les voyageurs allant de la ligne de Saint-Rambert sur celle de la Méditerranée et vice versa, il sera donné **un seul billet** pour tout le trajet de Lyon ou Vienne à Beaurepaire et à la Côte St.-André et retour.

Le 1er Septembre 1857.

N° 1145.

Composition des trains de Marchandises.

La circulaire 1111 est annulée.

A partir du 10 septembre, la composition des trains de marchandises de la ligne de Marseille à Lyon, ne pourra jamais dépasser les limites ci-après :

Train à une Machine.

45 waggons chargés. — **Deux** waggons vides ne compteront que comme **un** waggon chargé, mais, dans aucun cas, un train ne pourra avoir plus de 70 waggons, quel que soit le nombre de waggons vides entrant dans sa composition.

Par exception,

Les trains 110, 105, devant toujours être faits à l'avenir avec de grosses machines, pourront être composés comme suit, sur tout leur parcours :

65 waggons chargés. — **Deux** waggons vides ne compteront que comme **un** waggon chargé, mais, dans aucun cas, ces trains ne pourront être composés de plus de 70 waggons, quel que soit le nombre de waggons vides entrant dans sa composition.

Il en sera de même pour les trains 106 et 115 pour le parcours entre Arles et Marseille.

Train à deux Machines.

70 waggons chargés.—**Deux** waggons vides ne compteront que comme **un** waggons chargé, mais, dans aucun cas, il ne pourra y avoir aux trains remorqués par 2 machines, plus de 80 waggons, quel que soit le nombre de waggons vides entrant dans leur composition.

Par exception encore, pour le parcours de Tarascon à Arles, les trains pourront être composés de 10 waggons (chargés ou vides) de plus que les limites qui viennent d'être fixées plus haut.

Rien n'est changé pour la composition des trains de marchandises circulant sur l'embranchement d'Aix.

Le 8 Septembre 1857.

N° 1148.

Nouveau mode d'enregistrement des chiens.

A partir du 25 Septembre les **Chiens** dont l'enregistrement se fesait sur des carnets spéciaux à cette sorte de transports, seront enregistrés comme les bagages sur les feuilles de route, souches et bulletins de bagages.

Aux voyageurs qui feront enregistrer des **Chiens**, il sera remis un bulletin extrait des cahiers d'enregistrement des bagages, comme si l'objet enregistré était un colis.

Seulement, en attendant que les souches, les feuilles de route et les bulletins de bagages aient été imprimés de façon à conserver une colonne spéciale pour les Chiens, on aura le soin, en les enregistrant, d'inscrire sur les souches, feuilles de route et bulletins, le mot **Chien**, en toutes lettres, afin que l'enregistrement des Chiens ne soit pas confondu avec celui des bagages. Le nombre de **Chiens** devra être mis également en toutes lettres et non pas en chiffres.

Les chiens ne devront jamais être portés sur le même bulletin que les bagages, c'est-à-dire, qu'à un voyageur qui fera enregistrer un chien et des bagages, on devra donner un bulletin pour les bagages et un bulletin pour le chien.

Par suite de cette nouvelle manière d'opérer, les bulletins spéciaux de chiens qui étaient donnés aux chefs de trains et gardes-freins pour remplacer les feuilles de route ne leur seront plus remis ; ils deviennent inutiles, les chiens étant portés sur la feuille de route de bagage.

Dès la réception de la présente, les carnets d'enregistrement de chiens actuellement en usage, seront renvoyés au contrôle.

A cette occasion, il est rappelé, que toutes les fois qu'un voyageur est autorisé à garder un chien avec lui, le bulletin de ce chien doit être retiré et remis au chef de train ou garde-freins, épinglé à la feuille de route des bagages.

Le 22 Septembre 1857.

N° 1149.

Modifications dans les transports sur réquisition.

A dater du 25 Septembre les transports sur réquisition se feront comme suit :

La réquisition originale accompagnée du bulletin de réquisition dressé par la station de départ sera remise, comme cela se fait aujourd'hui, au chef du train par lequel s'effectue le transport.

Cette réquisition et son bulletin revêtus des visas voulus continueront à être envoyés par la station d'arrivée au chef du mouvement.

Le double du bulletin de réquisition dressé par la station de départ et qui jusqu'à ce jour avait été expédié par la station de départ au Contrôle, sera remis au chef du détachement, afin qu'il le présente à toute réquisition des employés contrôleurs.

A l'arrivée à destination, le bulletin remis au chef du détachement lui sera retiré et sera renvoyé au Contrôle avec les billets recueillis.

Le 22 Septembre 1857.

N° 1151.

Marque à l'emporte-pièce des billets recueillis à l'arrivée des trains.

A dater du 1er Octobre, tous les billets de place retirés des mains des voyageurs à leur arrivée à destination seront percés à l'emporte-pièce par les stations qui les auront recueillis.

Chaque station sera munie à cet effet d'une pince emporte-pièce.

La marque devra être faite autant que possible au centre des billets, afin que le timbre des billets soit conservé intact.

Tout billet percé à l'emporte-pièce sera considéré comme sans valeur.

Une punition sévère sera infligée aux stations qui ne se conformeront pas rigoureusement aux instructions données par la présente.

Le 25 Septembre 1857.

N° 1154.

Transport des Gendarmes escortant la Poudre.

Par suite de l'ordre de service n° 691, la circulaire n° 1147 est annulée.

Voici comment on opérera pour régulariser le transport gratuit des gendarmes escortant de la poudre :

Au moment du départ du train de marchandises par lequel est expédiée la poudre, le chef de la station qui fait partir le train délivrera au gendarme d'escorte un permis pour l'aller, ce permis sera dressé sur l'imprimé en usage pour les permis de gendarmes, portera le numéro du train, et l'on y mettra en annotation les mots *escorte de poudre.*

Pour le retour, il ne sera délivré de permis que sur le vu du permis d'aller qui sera retiré des mains du porteur et renvoyé au bureau du Mouvement.

Le permis donné pour le retour portera en annotation les mots *retour d'escorte de poudre.*

Afin d'éviter des complications, les gares de marchandises dirigées par un chef de gare spécial, telles que Marseille, St.-Louis, Avignon et Lyon, seront munies de permis qu'elles délivreront aux gendarmes escortant la poudre pour l'*aller*. Quant aux permis de retour par les trains de voyageurs, ils ne pourront être délivrés que par les chefs de station.

Les permis d'aller pour escorte de poudre ne devront être donnés que pour la destination où l'escorte doit être relevée et changée.

Les permis de retour seront délivrés sur le vu du permis d'aller et pour le point indiqué comme station de départ sur le permis d'aller.

Si un gendarme d'escorte qui devait être relevé à un certain point ne l'était pas et continuait sa route, le chef de la station où le changement d'escorte devait s'opérer, donnera au gendarme qui continue sa route un permis pour aller jusqu'à l'autre point de changement d'escorte, sans lui retirer le permis qui lui aurait été donné précédemment, afin que, sur le vu des deux permis d'aller, le gendarme puisse obtenir un permis pour retourner à son point de départ.

Le 8 Octobre 1857.

N° 1158.

Tarif des glaces de voiture.

A l'avenir les perceptions à faire des voyageurs pour les glaces de voitures brisées par leur faute seront faites d'après le tarif suivant :

Compartiment de 1re Classe.

Glaces de portières et de devant de coupé............	F. 3 »
Glaces cintrées de côtés..............................	2 50

Compartiment de 2e et 3e Classe.

Carreaux de portières et de côtés.................... F. 1 50

Le 9 Octobre 1857.

N° 1159.

Instructions relatives au transport des marins.

Les employés des stations n'opèrent pas uniformément en ce qui concerne la distinction à établir entre les marins de la marine marchande, qui doivent payer le tarif entier, et les marins et employés de la marine de l'Etat qui ont droit au transport au quart du tarif.

Afin de faire cesser toute hésitation, les stations et contrôleurs de route recevront avec la présente un modèle de l'entête de chaque imprimé que le Ministre de la marine délivre aux marins et employés lorsqu'ils sont en route.

Les imprimés modèles nos 1, 2 et 3 sont délivrés aux officiers de marine, d'infanterie ou d'artillerie de marine, aux officiers mariniers, sous-officiers, matelots, soldats d'infanterie et d'artillerie de marine, ainsi qu'aux ouvriers dépendant des arsenaux et qui, voyageant aux frais de l'Etat, ont droit à la réduction des trois quarts du tarif.

L'imprimé modèle n° 4 est délivré aux détachements de marins de l'Etat, aux militaires de l'infanterie ou de l'artillerie de marine voyageant en corps ou en détachement, et qui ont droit au transport au quart du tarif.

Par exception, cet imprimé est également délivré aux matelots de la marine marchande voyageant en détachement, faisant partie d'un équipage et allant prendre un navire dans un autre port ou rapatriés dans leur port d'armement, et qui voyagent aux frais de leur armateur.

Dans ces derniers cas, le transport des hommes portés sur la feuille de route n° 4 devra se faire au plein tarif.

Enfin, les modèles 5 et 6 sont délivrés aux marins de la marine marchande qui voyagent pour leur compte ou celui de leur armateur, et qui par conséquent doivent payer place entière.

Le 10 Octobre 1857.

N° 1161.

Instructions relatives, aux personnes admises à voyager à prix réduit.

Afin que les chefs de station et leurs employés sachent facilement les personnes auxquelles on a accordé la faveur ou qui ont le droit de voyager à prix réduit, il est utile de résumer en une seule Circulaire les diverses instructions qui ont été données à ce sujet.

QUART DU TARIF.

Les billets au quart du tarif sont dus :

Aux militaires voyageant en corps ou isolément, pour cause de service, envoyés en congé limité ou en permission, ou rentrant dans leurs foyers après libération. Ils doivent être porteurs d'une feuille de route, d'un congé régulier ou d'une permission du chef du corps auquel ils appartiennent.

Un tableau ressortissant au Ministère de la Guerre, dont le détail est donné ci-après, désigne les personnes ayant droit à cette réduction.

Les chevaux et bagages des militaires devront aussi être taxés au quart du tarif, conformément à la circulaire 1136.

La présentation d'une feuille de route ne constitue pas le droit de voyager à prix réduit. Tout porteur de feuille de route militaire ne peut jouir de la faveur du quart du tarif, s'il ne figure pas sur l'état ressortissant au Ministère la Guerre.

L'ordre de service 428, concernant les officiers de gendarmerie, est abrogé. Il n'existe plus d'exception pour les officiers de ce corps, ils devront être considérés comme officiers ordinaires de l'armée.

Personnel ressortissant au département de la Guerre.

Son Exc. le Ministre de la guerre.— Son Etat-Major.
Maréchaux de France.
Généraux de Division.
Généraux de Brigade.
Colonels.
Lieutenants-Colonels.
Chefs de Bataillon ou Majors, Chefs d'Escadron.
Capitaines.
Lieutenants.
Sous-Lieutenants.
Sous-Officiers et Portiers-consignes.
Caporaux ou Brigadiers.
Soldats, enfants de troupe, cantinières, blanchisseuses patentées.

Elèves à l'école, imp. d'application d'artillerie.
- d° d° du Génie.
- d° d'Etat-Major.
- d° Polytechnique.
- d° Spéciale milit. de St-Cyr.
- d° de cavalerie de Saumur.

Commissaires impériaux près les Conseils de révision et les Conseils de guerre.

Rapporteurs substituts, Greffiers, Commis Greffiers, Agents principaux, Sergents huissiers, attachés aux parquets, prisons, pénitenciers et ateliers de condamnés militaires.

Employés de l'Artillerie, du Génie et des Equipages militaires :
- Gardes.
- Ouvriers d'Etat.
- Concierges des bâtiments milit.
- Eclusiers militaires.
- Cantiniers brevetés.
- Artificiers.
- Gardiens de Batterie.

Intendants Militaires.
Sous-Intendants militaires.
Adjoints de l'Intendance militaire.
Médecins et Pharmaciens inspecteurs.
Médecins et Pharmaciens principaux.
Médecins et Pharmaciens majors.
Médecins et Pharmaciens aides-majors.
Vétérinaires principaux.
Vétérinaires et aides-vétérinaires.
Aumôniers et Chapelains militaires.

Officiers d'administration, principaux. Officiers d'administration, Adjudants d'administration :
- d'Hopitaux militaires.
- de l'Habillement et du campement.
- des Subsistances milit^res.
- des bureaux de l'Intendance militaire.
- de la justice militaire.

Agents de toute classe du service télégraphique des armées.

Les billets au quart du tarif sont également dûs :

Aux marins voyageant en corps ou isolément pour cause de service, envoyés en congé limité, ou en permission, ou rentrant dans leurs foyers après libération. Ils doivent être porteurs d'une feuille de route, conformément à la circulaire 1159.

Les élèves des écoles navales sont considérés comme marins.

Les chevaux et bagages des marins ou militaires de la marine doivent aussi être taxés au quart du tarif.

DEMI-TARIF.

Les billets au demi-tarif sont dus :

1° Aux enfants de 3 à 6 ans. Ils ont droit à une place distincte. Toutefois, dans un compartiment, deux enfants ne pourront occuper que la place d'un voyageur. A partir du 1er Janvier 1858, les enfants seront traités jusqu'à l'âge de 7 ans comme il vient d'être dit pour les enfants de 3 à 6 ans.

2° Aux gardiens des prisonniers, accompagnant des prisonniers transportés en voitures cellulaires, ou en retour d'escorte, conformément à la circulaire 1138.

3° Aux prisonniers transportés en voitures cellulaires.

L'ordre de service n° 651 est abrogé ; il n'y a plus lieu d'appliquer le demi-tarif pour les voitures des Officiers Généraux et Intendants militaires, en tournées. La taxe du tarif entier est appliquée à ces sortes de transports.

La Compagnie accorde la faveur de voyager à moitié prix du tarif, aux personnes suivantes :

1° Aux indigents munis d'un passeport *avec secours de route.*

2° Aux personnes munies d'un certifical d'indigence signé par le président de la société de St.-Vincent de Paul ou par le président du consistoire de l'Église réformée ;

3° Aux ouvriers de la Compagnie Génevoise des Colonies de Sétif, en 3es classes seulement ;

4° Aux recrues suisses faisant partie de l'armée du St.-Siége ;

5° Aux recrues suisses engagées au service de S. M. Sicilienne ;

6° Aux membres des congrégations religieuses portés sur le tableau suivant et conformément à l'ordre de service n° 692.

Religieux.

Les Frères des Écoles Chrétiennes.

Les Religieux dits Hospitaliers.

La Congrégation des Capucins.

La Congrégation des Petits Frères de Marie.

Les Religieux de la Corporation des Récollets, d'Avignon.

Les Frères de la Société de la Croix de Jésus.

Les Religieux de l'Institution des Dominicains.

Les Carmes déchaussés.

Les Membres de la Congrégation de la mission de Saint-Lazare, à Paris.

Les Frères de la Sainte-Famille, de Belley (Ain).

Les Religieux de la Congrégation de Saint-Viateur.

Les Religieux de la Société de Saint-Pierre-ès-Liens.

Les Religieux de la Congrégation de Sainte-Croix.

Les Frères de Saint-Gabriel.

Les Prêtres de la Congrégation des oblats de Marie.

Les Frères de Notre-Dame de la Trappe d'Ayguebelle.

Les Religieux de la Congrégation du Saint-Esprit et du Saint Cœur de Marie.

Les Aumôniers de la Congrégation de Saint-Joseph.

Les Révérends Pères missionnaires de Notre-Dame de Laus, avec certificat de Monseigneur l'Évêque de Gap.

Les Frères de l'Annonciation.

Religieuses.

Les Sœurs de Saint-Vincent de Paul.

Les Sœurs de Saint-Joseph des Vans.

Les Sœurs de Saint-Thomas.

Les Sœurs de Saint-Charles.

Les Sœurs de la Présentation de Marie, de Saint-Andéol.

Les Sœurs du Bon-Pasteur, d'Angers.

Les Sœurs du Sacré-Cœur de Jésus.

Les Sœurs du Saint-Nom de Jésus.

Les Sœurs de la Communauté de la Conception, d'Avignon.

Les Sœurs de la Communauté des Filles de la Sagesse, de Saint-Laurent.

Les Religieuses Trinitaires, de Valence.

Les Religieuses de Notre-Dame de Bon Secours, de Nîmes

Les Religieuses de Notre-Dame de Bon Secours, de Montpellier.

Les Religieuses de Saint-François d'Assise, d'Avignon.

Les Dames de l'Espérance.

Les Dames de la Congrégation de Saint-Maur.

Les Sœurs de la Communauté de St-Joseph, dites de St-Eutrope, d'Avignon.

Les Sœurs de l'Adoration perpétuelle du Sacré-Cœur de Jésus.

Les Sœurs de la Communauté du Très-Saint Sacrement, de Romans.

Les Dames de la Congrégation de Nazareth.

Les Religieuses de la Congrégation de Ste.-Croix.

Les Religieuses de la Congrégation de Marie-Thérèse, de Lyon.

Les Religieuses de la Congrégation de la Nativité de Notre Seigneur, de Valence.

Les Sœurs de la Communauté de Saint-Joseph, de Saint-Vallier.

Les Sœurs de l'Institut de la Providence, de Corenc, près Grenoble.

Les Religieuses de Saint-Gervais sur Marc, reconnues sous le nom de Sœurs de Saint-Joseph.

Les Religieuses de la Communauté des Sœurs Marie-Joseph, maison de Saint-Lazare, à Paris.

Les Religieuses de la Congrégation des Filles de la Charité de Saint-Vincent de Paul.

Les Religieuses dites Sœurs des Prisons de la Congrégation de Marie-Joseph.

Les Religieuses de la Congrégation de Jésus-Marie.

Les Religieuses dites Sœurs de la Miséricorde, de Saint-Remy.

Les Religieuses de l'Institut de la Présentation et les Dames de la maison de Nazareth.

Les Sœurs de l'Immaculée Conception.

Les Religieuses de la Congrégation de Saint-Joseph.

Les Aspirantes de la Congrégation des Dames de la Charité.

Les Religieuses de la Congrégation de l'Assomption.

Les Religieuses dites Sœurs du St-Sacrement et Sœurs de Notre-Dame d'Upie.

Les Religieuses de l'institution des filles de Marie.

Les Religieuses de la Congrégation de la doctrine chrétienne.

Les Sœurs de Saint-Joseph dépendant de la maison religieuse de Lalouvec.

Les Sœurs de l'Ange Gardien.

Les Religieuses du Très-Saint-Cœur de Marie, de Gap.

Les Sœurs Augustines de la Charité Notre-Dame.

Les Dames de la Communauté de la Providence, à Annonay.

Les Petites Sœurs des pauvres.

Les Sœurs hospitalières de Sainte-Marthe, de Romans.

Les Sœurs de Notre-Dame de Bon Secours, établies à Lyon.

Les Dames de la Maison de Nazareth.

Les Religieuses de la Providence, de Gap.

Les Sœurs de la Congrégation de Saint-Joseph de l'apparition.

Les Religieuses de la Congrégation de Saint-Joseph, de Bougé.

Les Sœurs de l'instruction de l'Enfant Jésus, à Saint-Etienne.

Les Sœurs du Bon Secours, de Troyes.

Le 31 Octobre 1857.

N° 1162.

Rappel de la circulaire n° 984 pour les précautions à prendre aux approches de la mauvaise saison.

Aux approches de la mauvaise saison, il est utile de rappeler aux Employés qu'ils doivent redoubler de zèle et d'exactitude afin d'éviter des accidents.

Il leur est donc recommandé de relire attentivement la Circulaire 984, en date du 16 octobre 1856, qui énumérait en détail les précautions qu'ils avaient à prendre à pareille époque, et de bien se pénétrer de l'importance de son contenu.

Le 3 Novembre 1857.

N° 1163.

Instructions relatives au fumier provenant du nettoyage des cours.

A l'avenir, les chefs de station ne devront pas s'approprier le fumier provenant des nettoyages des cours de leurs stations.

Comme par le passé, les cours des stations devront être tenues dans un état constant de propreté, mais le fumier devra être amoncelé dans un coin assez éloigné du bâtiment de la station, et être tenu à la disposition du service de l'entretien qui le fera enlever.

Le 3 Novembre 1857.

N° 1164.

Chauffage des voitures.

A partir du 10 novembre 1857, le chauffage des voitures sera fait dans les conditions suivantes :

Trains en correspondance avec la Ligne de Paris.

Les voitures **A** avec leurs coupés et les compartiments de premières des voitures **B** seront chauffés par le moyen de deux bouilloires rondes qui seront déposées sur les tapis de chaque compartiment.

Les voitures de 2e classe, de Paris, aussi bien que les 2es classes des voitures **B**, mises dans la composition des trains en correspondance avec Paris, n'auront point de tapis. Les 2es classes de ces trains continueront d'être pendant l'hiver ce qu'elles sont pendant la saison d'été.

Ces trains seront chauffés comme suit :

Trains montants.

Train N° 8 — de Marseille à Lyon.....	Les bouilloires seront changées à Montélimar.
Train N° 12 — » »	
Train N° 18 — » »	
Train N° 20 — » »	

Trains descendants.

Train N° 5 — de Lyon a Marseille....	Les bouilloires seront changées à Montélimar.
Train N° 7 — » »	
Train N° 15 — » »	
Train N° 17 — » »	

Trains divers de la Ligne, n'étant pas en correspondance avec la Ligne de Paris.

Les compartiments des premières seront chauffés par le moyen de nos anciennes bouilloires. Ce système consiste, pour chaque compartiment, en deux bouilloires renfermées chacune dans un petit cadre en bois ; le tout est maintenu dans un grand cadre en bois recouvert d'un tapis. Les anciennes chancelières sont supprimées.

Les compartiments de 2me classe pour ces trains seulement seront garnis de tapis en peau de mouton.

Ces trains seront chauffés comme suit :

Trains montants.

Train N° 2 — de MONTÉLIMAR A LYON.
Train N° 4 — D'ARLES A LYON.
Train N° 6 — de MARSEILLE A ARLES.
Train N° 10 — de MARSEILLE A AIX.
Train N° 14 — de MARSEILLE A VALENCE.
Train N° 16 — de MARSEILLE A ORANGE.
Train N° 32 — de ROGNAC A AIX.
Train N° 34 — » »
Train N° 36 — » »
Train N° 38 — » »
Train N° 40 — » »

Trains descendants.

Train N° 1 — D'ORANGE A MARSEILLE.
Train N° 3 — de VALENCE A MARSEILLE.
Train N° 9 — de LYON A MARSEILLE — Les bouilloires seront changées à Arles.
Train N° 11 — de LYON A MONTÉLIMAR.
Train N° 13 — D'AIX A MARSEILLE.
Train N° 29 — D'AIX A ROGNAC.
Train N° 31 — » »
Train N° 33 — » »
Train N° 35 — » »
Train N° 37 — » »

Par exception, les compartiments de 1re classe des voitures mises aux trains de la banlieue de Marseille ne seront pas chauffés.

Les stations qui seront dans le cas d'ajouter des voitures **A** ou **B** aux trains de ligne devront écrire au chef de la station du point d'arrivée pour lui demander le renvoi des appareils de chauffage et tapis.

Il est recommandé aux chefs de station d'avoir le plus grand soin de tout ce matériel ; les tapis devront être battus, brossés, et sous aucun prétexte ne devront rester la nuit dans les voitures en gare ; ils devront être mis, ainsi que les bouilloires, dans les endroits parfaitement à l'abri de toute tentative de vol.

Pour faire face au besoin de ce service, il sera distribué dans les stations suivantes le matériel ci-après, tant pour les besoins du service ordinaire que pour réserve.

Pour les trains en correspondance avec Paris.

MARSEILLE recevra 50 bouilloires....... } Modèle spécial pour les trains montant sur Paris.
MONTÉLIMAR » 50 »

LYON (Perrache) sera fourni par sa réserve.

Pour les autres trains de la ligne.

Stations.	Bouilloires.	Grands Cadres.	Petits Cadres.	Tapis.
Marseille	20	10	20	50
Arles	10	5	10	16
Tarascon	12	6	12	8
Avignon	12	6	12	8
Orange	10	5	10	16
Montélimar	10	5	10	16
Valence	18	9	18	28
Vienne	»	»	»	8
Lyon	18	9	18	28
Aix	24	12	24	24
Rognac	24	12	24	24
	158	79	158	226

Les chefs de station devront annoncer au public par le moyen des écriteaux que les voitures de 1re classe sont chauffées.

Le 8 Novembre 1857.

N° 1165.

Autorisation de voyager à moitié prix pour une congrégation religieuse.

A l'avenir, les Sœurs de la congrégation des **Dames de la Charité**, dont la maison mère est à Nevers, seront, ainsi que les Aspirantes de cette même congrégation, admises à voyager au demi-tarif.

Le 10 Novembre 1857.

N° 1166.

Chauffage des voitures.

Le chauffage des voitures de 1re classe, qui devait commencer le 10 courant et qui n'a pu être fait, commencera le 15.

Jusqu'à nouvel ordre, on se servira des bouilloires plates, ancien modèle, renfermées dans les cadres, mais recouvertes simplement des tapis, sans chancelière.

Les changements de bouilloires, qui devaient avoir lieu à Montélimar pour les trains 8, 12, 18, 20, 5, 7, 15, 17 n'auront pas lieu jusqu'à nouvel ordre.

Le 13 Novembre 1857.

N° 1167.

Instructions relatives aux permis à délivrer aux militaires de la gendarmerie.

A partir du 15 novembre et par dérogation aux prescriptions de l'**Ordre de**

Service 688, les permis délivrés aux militaires de la gendarmerie, voyageant à leurs frais, en permission ou en congé, pourront être délivrés pour des destinations situées dans l'arrondissement de la sous-préfecture où réside la brigade à laquelle appartiendra le titulaire du permis.

Le 13 Novembre 1857.

N° 1168.

Rectifications apportées à la circulaire n° 1161, qui énumère les personnes voyageant à demi-tarif.

La circulaire n° 1161, qui énumère les personnes voyageant à prix réduit, contient une erreur.

Il y est dit que la Compagnie accorde la faveur de voyager à moitié prix :

1° Aux indigents munis d'un passeport avec secours de route ;

2° Aux personnes munies d'un certificat d'indigence signé par le président de la société de St.-Vincent de Paul, ou par le président du consistoire de l'Eglise réformée.

Le 2e article n'est pas complet, il n'y a que la société de St.-Vincent de Paul, de **Marseille**, et le président du consistoire de l'Eglise réformée, de **Marseille**, dont les certificats donnent droit à voyager à moitié prix.

Le 13 Novembre 1857.

N° 1170.

Composition des Trains.

Ligne de LYON à MARSEILLE.

La Circulaire n° 1137 deviendra nulle le 1er décembre 1857.

A partir de cette époque, les trains de voyageurs seront composés comme suit :

TRAINS MONTANTS.

Trains Nos	Fourgons à bagages.	Voitures de 1re classe.	Voitures mixtes.	Voitures de 2e classe.	Voitures de 3e classe.	Brakes.	
2.	2	0	3	0	3	1	de Montélimar à Lyon.
4.	2	0	3	0	3	1	d'Arles à Lyon.
6.	2	0	3	0	4	1	de Marseille à Arles.
8.	2	1	0	2	3	1	de Marseille à Lyon.
10.	1	0	2	0	2	1	de Marseille à Rognac.
12.	1	4	0	0	0	1	de Marseille à Lyon.
14.	1	0	3	0	3	1	de Marseille à Valence.
16	1	0	3	0	4	1	de Marseille à Avignon.
	1	0	3	0	3	1	d'Avignon à Orange.
18.	2	1	0	2	4	1	de Marseille à Lyon.
20.	1	4	0	0	0	1	de Marseille à Lyon.
42.	1	0	2	0	3	1	de Valence à Lyon.

TRAINS DESCENDANTS.

Trains Nos	Fourgons à bagages.	Voitures de 1re classe.	Voitures mixtes.	Voitures de 2e classe.	Voitures de 3e classe.	Brakes.	
1.	1	0	3	0	3	1	d'Orange à Marseille.
3.	1	0	3	0	3	1	de Valence à Marseille.
5.	2	1	0	2	3	1	de Lyon à Arles.
	2	1	0	2	4	1	d'Arles à Marseille.
7.	1	4	0	0	0	1	de Lyon à Marseille.
9.	2	0	3	0	3	1	de Lyon à Avignon.
	2	0	3	0	4	1	d'Avignon à Marseille.
11.	2	0	3	0	3	1	de Lyon à Montélimar.
13.	1	0	2	0	2	1	de Rognac à Marseille.
15.	2	1	0	2	4	1	de Lyon à Marseille.
17.	1	4	0	0	0	1	de Lyon à Marseille.
41.	1	0	2	0	3	1	de Lyon à Valence.

OBSERVATIONS.— *Toutes les fois qu'un train aura 2 fourgons à bagages, ils devront être placés tous les deux à la tête du train.*

Pour faire face à ce service, il devra y avoir chaque matin dans les gares suivantes, le matériel ci-après :

	Fourgons à bagages.	Voitures de 1re classe.	Voitures mixtes.	Voitures de 2e classe.	Voitures de 3e classe.	Brakes.
Marseille..............	6	5	6	2	9	4
Arles....................	2	0	3	0	4	1
Avignon..................	0	0	0	0	1	0
Orange..................	1	0	3	0	3	1
Montélimar............	2	0	3	0	3	1
Valence.................	1	0	3	0	3	1
Lyon....................	5	5	4	2	6	3
	17	10	22	4	29	11

En outre du matériel nécessaire au service ordinaire il y aura comme matériel de réserve, à

	Fourgons à bagages.	Voitures de 1re classe.	Voitures mixtes.	Voitures de 2e classe.	Voitures de 3e classe.	Brakes.	Écuries.	Trucks.	Waggons Messagerie.
Marseille............	Dépôt Principal.								
Miramas............	1	0	0	0	0	0	0	1	1
Arles................	1	0	3	0	3	1	2	2	1
Tarascon...........	1	1	3	0	3	1	2	2	1
Avignon............	1	1	2	0	3	0	2	2	1
Orange.............	1	0	2	0	3	1	1	1	1
La Croisière.......	1	0	0	0	0	0	0	0	0
Montélimar.........	1	0	3	0	3	1	2	2	1
Loriol...............	1	0	0	0	0	0	0	0	0
Valence.............	1	1	4	0	5	1	2	2	2
Tain.................	1	0	1	0	1	0	1	0	1
St.-Rambert........	1	1	1	0	2	0	0	0	1
Vienne...............	1	0	2	0	3	0	1	0	0
Lyon (Perrache)........	Dépôt Principal.								

Le dépôt principal de Marseille sera chargé de maintenir les réserves des stations de **Miramas, Arles, Tarascon, Avignon, Orange et La Croisière**, d'après les indications ci-dessus.

Le dépôt principal de Lyon en fera autant pour les stations de **Vienne, St-Rambert, Tain, Valence, Loriol et Montélimar.**

En conséquence, toutes les fois qu'une station mettra en circulation des voitures ou waggons pris sur sa réserve, elle aura soin d'écrire au dépôt principal dont elle dépend, pour que ce matériel lui soit remplacé afin de conserver toujours la réserve qui lui est prescrite.

Si dans les 24 heures le matériel demandé ne lui est pas retourné, elle devra en prévenir le chef du mouvement.

Le 22 Novembre 1857.

N° 1171.

Service des Conducteurs de trains.

Ligne de LYON à MARSEILLE.

A partir du 1er décembre, la circulaire n° 1096 sera annulée.

A partir de la même époque, le service des Chefs de train et Gardes-freins, sera réglé comme suit :

SERVICE DES VOYAGEURS.

N°s des brigades	Nombre et Fonctions des Employés. Chefs de Train.	Gardes-freins.	Résidence.	SERVICE.	N°s des TRAINS.	Stations et Heures de Départ.	Stations et Heures d'Arrivée.	Parcours mensuel.	Observations.
1re	1	2	Orange.	chaque jour.	1 16	Orange.... 6 h. » matin. Marseille.. 4 » soir.	Marseille..11 h.05 matin. Orange ... 9 07 soir.	5980	Repos tous les 3 jours.
2e	1	2	Montélimar.	chaque jour.	2 11	Montélimar 6 h. » matin. Lyon ..... 4 » soir.	Lyon .....11 25 matin. Montélimar 9 12 soir	6000	Repos tous les 3 jours.
3e 4e	1 2	1 1	Marseille.	1er jour..... 2e »	14 3	Marseille..12 h.20 soir. Valence... 6 » matin.	Valence... 9 » soir. Marseille.. 1 50 »	5904	Repos tous les 5 jours.
5e 6e 7e	1 1 1	1 1 1	Arles.	1er jour..... 2e » ..... 3e »	4 9 »	Arles..... 7 h. » matin. Lyon .....10 20 » Repos.	Lyon ..... 4 h.30 soir. Arles..... 7 53 »	5320	
8e	1	1	Lyon.	chaque jour.	41 42	Lyon .....11 h. 50 matin. Valence... 7 » soir.	Valence... 3 h.32 soir. Lyon .....10 30 »	4200	Repos tous les 8 jours.
9e	1	1	Marseille.	chaque jour.	6 9	Marseille.. 6 h.30 matin. Arles..... 8 03 soir.	Arles..... 9 15 matin. Marseille..10 17 soir.	5160	
10e 11e 12e	1 1 1	1 1 1	Marseille.	1er jour..... 2e » ..... 3e »	12 5 »	Marseille..10 h. » matin. Lyon ..... 6 10 » Repos.	Lyon ..... 6 h.05 soir Marseille.. 7 10 »	7040	Chaque mois les brigades fesant les trains de jour alterneront avec les brigades fesant les trains de nuit.
13e 14e 15e	1 1 1	1 1 1		4e » ..... 5e » ..... 6e »	8 7 »	Marseille.. 7 h.40 matin. Lyon ..... 8 » » Repos.	Lyon ..... 8 20 soir. Marseille.. 4 » »	7040	
16e 17e 18e	1 1 1	1 1 1		7e » ..... 8e » ..... 9e »	18 17 »	Marseille.. 9 h.15 soir. Lyon .....10 30 » Repos.	Lyon ..... 9 h 25 matin. Marseille.. 6 35 »	7040	
19e 20e 21e	1 1 1	1 1 1		10e » ..... 11e » ..... 12e »	20 15 »	Marseille..10 h.30 soir. Lyon ..... 8 » » Repos.	Lyon ..... 7 h. » matin. Marseille.. 8 06 »	7040	
22e 23e 24e 25e 26e	» » » » »	1 1 1 1 1	Marseille.	1er jour..... 2e » ..... 3e » ..... 4e » ..... 5e »	8 5 18 15 »	Marseille.. 7 h.40 matin. Lyon ..... 6 10 » Marseille.. 9 15 soir. Lyon..... 8 » » Repos.	Lyon..... 8 h.20 soir. Marseille.. 7 10 » Lyon ..... 9 25 matin. Marseille.. 8 06 »	8448	
27e	1	1	Marseille.	chaque jour.	10 13	Marseille.. 8 h.15 matin. Rognac... 3 40 soir.	Rognac... 8 h.55 matin. Marseille.. 4 25 soir.	4620	
28e	1	»	Marseille.	chaque jour.		Banlieue de Marseille.			

SERVICE DES MARCHANDISES.

TRAINS RÉGULIERS.

Nos des brigades	Chefs de Train	Gardes-freins	Résidence.	Nos des TRAINS	Stations et Heures de Départ.	Stations et Heures d'Arrivée.	Parcours mensuel.	Observations.
29e	5	»	Marseille.	1er jour..... 102	Marseille.. 8 h.20 matin.	Orange.... 8 h.16 soir.	3864	
				2e » 109	Orange.... 6 45 »	Marseille.. 6 » »		
				3e » 104	Marseille ..12 30 soir.	Arles...... 5 48 »		
				105	Arles...... 8 30 »	Marseille.. 1 30 matin.		
				4e » 106	Marseille.. 4 30 »	Arles...... 9 48 soir.		
				5e » 115	Arles11 30 »	Marseille.. 4 30 matin.		
					REPOS.			
30e	1	»	Marseille	chaque jour. 113	Arles......10 h. » soir.	Marseille.. 3 h. » matin.	2580	
31e	3	»	Arles.	1er jour..... 107	Arles...... 6 h.15 matin	Marseille ..12 h.15 soir.	3440	
				108	Marseille ..10 40 soir.	Arles...... 3 58 matin.		
				2e » 111	Arles...... 3 » »	Marseille.. 8 50 soir.		
				3e » 110	Marseille ..12 30 matin.	Arles...... 5 48 matin.		
					REPOS.			
32e	1	»	Arles.	chaque jour. 108	Arles...... 5 h. » matin.	Orange....10 h.26 matin.	3840	
				113	Orange.... 3 30 soir.	Arles......7 » soir.		
33e	1	»	Arles.	chaque jour. 112	Marseille.. 3 h. » matin.	Arles...... 8 h.18 matin.	2580	
34e	3	»	Orange.	1er jour..... 114	Orange.... 4 h. » matin.	Valence ...10 h.28 matin.	3880	
				101	Valence... 5 30 soir.	Orange....10 53 soir.		
				2e » 116	Orange....11 » matin.	Valence ... 7 22 »		
				103	Valence ... 2 30 »	Orange.... 7 53 matin.		
				3e » »	REPOS.			
35e	1	»	Orange.	chaque jour. 111	Orange.... 9 h.30 matin.	Arles...... 1 h. » soir.	3840	
				104	Arles...... 7 45 soir.	Orange....minuit.		
36e	5	»	Valence.	1er jour..... 103	Valence... 6 h.10 matin.	Arles...... 6 h. » soir.	3864	
				2e » 110	Arles...... 7 20 »	Valence ...10 45 »		
				3e » 107	Valence ...11 » »	Arles...... 11 30 »		
				4e » 112	Arles......midi.	Valence ...12 28 matin.		
				5e » »	REPOS.			
37e	3	»	Valence.	1er jour..... 116	Valence ...10 h. » soir.	Lyon 4 h.56 matin.	4200	
				104	Lyon...... 6 20 matin.	Valence ...12 42 soir.		
				2e » 110	Valence ...minuit.	Lyon...... 8 22 matin.		
				3e » 103	Lyon...... 1 h. » soir.	Valence ... 6 12 soir.		
					REPOS.			
38e	3	»	Valence.	1er jour..... 112	Valence ... 8 h.30 matin.	Lyon...... 3 h.26 soir.	4200	
				105	Lyon......10 45 soir.	Valence ... 3 57 matin.		
				2e » 114	Valence ... 4 40 »	Lyon......12 45 »		
				107	Lyon...... 1 20 matin.	Valence ... 6 32 »		
				3e » »	REPOS.

TRAINS FACULTATIFS.

Nos des Brigades.	Chefs de Train.	Résidence.	SERVICE.	Nos des TRAINS.	Stations et heures de Départs	Stations et heures d'Arrivées.	Parcours mensuel.	Observations.
39e	1	Marseille.	Chaque jour.	204 223	Marseille.. 1 h.30 soir. Arles.....12 30 matin.	Arles..... 8 h.02 soir. Marseille.. 5 30 matin.	5160	
40e	1	Marseille.	Chaque jour.	206 225	Marseille..11 h.30 soir. Arles..... 7 » matin.	Arles..... 4 h.48 matin. Marseille.. 1 » soir.	5160	
41e	1	Marseille.	Chaque jour.	202	Marseille..11 h. » matin.	Arles..... 5 h.06 soir.	2580	
42e	1	Arles.	Chaque jour.	212 219	Arles..... 2 h.15 soir. Orange... 9 » »	Orange.... 7 h.15 soir. Arles.....12 30 matin.	3840	
43e	1	Arles.	Chaque jour.	214 225	Arles..... 8 h.30 soir. Tarascon.. 5 30 matin.	Orange....12 h.46 matin. Arles..... 6 15 »	3840	
44e	1	Orange.	Chaque jour.	217 208	Orange.... 6 h. » soir. Arles..... 1 30 matin.	Arles..... 9 h.30 soir. Orange.... 5 46 matin.	3840	
45e	1	Orange.	Chaque jour.	221 210	Orange....10 h. » soir. Arles..... 4 » matin.	Arles..... 1 h.30 matin. Orange.... 8 16 »	3840	
46e	2	Orange.	1er jour..... 2e »	220 236 »	Orange.... 9 h.30 matin. Valence... 9 10 soir. Repos.	Valence... 6 h.02 soir. Lyon...... 4 06 matin.	3045	
47e	1	Orange.	Chaque jour.	216 213	Orange.... 5 h. » matin. Valence... 2 30 soir.	Valence...11 h.28 matin. Orange.... 7 53 soir.	5820	
48e	1	Orange.	Chaque jour.	218 215	Orange.... 6 h.30 matin. Valence... 3 30 soir.	Valence... 2 h.20 soir. Orange.... 8 53 »	5820	
49e	1	Orange.	Chaque jour.	222	Orange.... 1 h.50 soir.	Valence... 8 h.18 soir.	2910	
50e	1	Valence.	Chaque jour.	211 224	Valence... 7 h.15 matin. Orange.... 8 » soir.	Orange.... 3 h.13 soir. Valence... 2 28 matin.	5820	
51e	1	Valence.	Chaque jour.	226 207	Valence... 7 h.50 matin. Lyon..... 4 20 soir.	Lyon...... 1 h.32 soir. Valence... 9 32 »	6300	
52e	1	Valence.	Chaque jour.	230 201	Valence... 7 h.10 soir. Lyon..... 3 » matin.	Lyon...... 2 h.06 matin. Valence... 8 12 »	6300	
53e	1	Valence.	Chaque jour.	232 203	Valence... 7 h 50 soir. Lyon.....10 30 matin.	Lyon...... 2 h.46 matin. Valence... 5 12 soir.	6300	
54e	1	Valence.	Chaque jour.	228	Valence.... 9 h.30 matin.	Lyon..... 7 h.10 soir.	3150	
55e	1	Lyon.	Chaque jour.	205 234	Lyon..... 1 h.45 soir. Valence... 8 30 soir.	Valence... 6 h.57 soir. Lyon..... 3 26 matin.	6300	
56e	1	Chasse.	Chaque jour.	209 238	Chasse.... 9 h.30 matin. Vienne....10 30 »	Vienne....10 h. » matin. Chasse....11 15 »	300	

Il y aura en réserve pour remplacer les conducteurs en repos, malades, absents, pour faire les trains spéciaux et les trains de ballast :

à MARSEILLE.......	6	Conducteurs, Chefs de train ou Gardes-freins.
à ARLES	1	
à ORANGE.........	1	
à VALENCE........	2	
à LYON (Perrache)..	3	
à LYON (Guillotière).	1	
	14	

Ils se tiendront à la disposition des chefs de station pour faire les trains spéciaux, les trains de ballast, et pour remplacer les malades et les absents. Ils assisteront, quand ils ne seront pas de service, aux départs et aux arrivées des trains, afin de contribuer au chargement et déchargement des articles, bagages et messageries.

Le 22 Novembre 1857.

N° 1172.

Chargement des Bagages et articles de Messagerie, à partir du 1er Décembre 1857.

Ligne de LYON à MARSEILLE.

A partir du 1er Décembre la circulaire 1095 sera annulée et le chargement des bagages, articles de messagerie, se fera dans les trains comme suit :

Trains montants.

Train 2.	1er Fourgon à bagages...	Les colis à destination de Lyon.
	Brake..................	Les colis à destination des stations intermédiaires.
	Le 2me Fourgon est destiné à recevoir les colis isolés de petite vitesse.	

Train 4.

PARCOURS D'ARLES A TARASCON.

Fourgon à bagages...... Les colis à destination de la rive droite.
Brake.................. Les colis à destination de Lyon.

PARCOURS DE TARASCON A LYON.

1er Fourgon à bagages... Les colis à destination de Lyon.
Brake.................. Les colis à destination des stations intermédiaires.
Le 2me Fourgon est destiné à recevoir les colis isolés de petite vitesse.

Train 6.

1er Fourgon à bagages... Les colis à destination d'Arles et au-delà.
Brake.................. Les colis à destination des stations intermédiaires.
Le 2me Fourgon est destiné à recevoir les bagages qui ne pourraient être contenus dans le 1er.

Train 8.

PARCOURS DE MARSEILLE A TARASCON.

Fourgon à bagages...... Les colis à destination de la rive droite, et des stations situées entre Marseille et Arles.
Brake.................. Les colis à destination des stations entre Arles, Lyon, et de la ligne de Paris.

PARCOURS DE TARASCON A LYON.

1er Fourgon à bagages... Les colis à destination de Lyon et de la ligne de Paris.
Brake.................. Les colis à destination des stations intermédiaires.
Le 2me Fourgon est destiné à recevoir les colis isolés de petite vitesse.

Train 10.

Fourgon à bagages..... Les colis à destination d'Aix.
Brake.................. Les colis à destination des stations intermédiaires.

Train 12.

Fourgon à bagages..... Les colis à destination de Lyon et de la ligne de Paris.
Brake.................. Les colis à destination des stations intermédiaires.

Train 14.

PARCOURS DE MARSEILLE A TARASCON.

Fourgon à bagages..... Les colis à destination de la rive droite et des stations entre Marseille et Arles.
Brake.................. Les colis à destination de Valence et des stations intermédiaires entre Arles et Valence.

PARCOURS DE TARASCON A VALENCE.

Fourgon à bagages..... Les colis à destination de Valence.
Brake.................. Les colis à destination des stations intermédiaires.

Train 16.

PARCOURS DE MARSEILLE A TARASCON.

Fourgon à bagages..... Les colis à destination de la rive droite et des stations situées entre Marseille et Arles.

Brake................ Les colis à destination d'Orange et des stations intermédiaires situées entre Arles et Orange.

PARCOURS DE TARASCON A ORANGE.

Fourgon à bagages..... Les colis à destination d'Orange.

Brake................ Les colis à destination des stations intermédiaires.

Train 18.

PARCOURS DE MARSEILLE A TARASCON.

1er Fourgon à bagages... Les colis à destination de la rive droite et des stations situées entre Marseille et Arles.

Brake................ Les colis à destination des stations intermédiaires.

2me Fourgon à bagages... Les colis à destination de Lyon et de la ligne de Paris.

PARCOURS DE TARASCON A LYON.

1er et 2e Fourgon à bagages. Les colis à destination de Lyon et de la ligne de Paris,

Brake................ Les colis à destination des stations intermédiaires.

Train 20.

Fourgon à bagages..... Les colis à destination de Lyon et de la ligne de Paris.

Brake................ Les colis à destination des stations intermédiaires.

Train 42.

Fourgon à bagages..... Les colis à destination de Lyon.

Brake................ Les colis à destination des stations intermédiaires.

Trains descendants.

Train 1.

Fourgon à bagages..... Les colis à destination de Marseille, de Tarascon et des stations situées entre Tarascon et Marseille.

Brake................ Les colis destinés à la rive droite et aux stations situées entre Orange et Tarascon

Train 3.

Fourgon à bagages..... Les colis à destination de Marseille, de Tarascon et des stations situées entre Tarascon et Marseille.

Brake................ Les colis destinés à la rive droite et aux stations situées entre Valence et Tarascon.

Train 5.

1er Fourgon à bagages... Les colis à destination de Marseille, de Tarascon et des stations situées entre Tarascon et Marseille.

Brake................ Les colis destinés à la rive droite et aux stations situées entre Lyon et Tarascon.

Le 2me Fourgon à bagages est destiné aux colis isolés de petite vitesse.

Train	Voiture	Destination
Train 7.	Fourgon à bagages.....	Les colis à destination de Marseille, Tarascon et des stations situées entre Tarascon et Marseille.
	Brake.................	Les colis à destination de la rive droite et des stations situées entre Lyon et Tarascon.
Train 9.	1er Fourgon à bagages...	Les colis à destination de Marseille, Tarascon et des stations situées entre Tarascon et Marseille.
	Brake.................	Les colis à destination de la rive droite et des stations situées entre Lyon et Tarascon.
	Le 2me Fourgon à bagages est destiné aux colis isolés de petite vitesse.	
Train 11.	1er Fourgon à bagages...	Les colis à destination de Valence, St.-Rambert et Montélimar.
	Brake.................	Les colis à destination des stations de route autres que Valence et St.-Rambert.
	Le 2me fourgon à bagages est destiné aux colis isolés de petite vitesse.	
Train 13.	Fourgon à bagages.....	Les colis à destination de Marseille.
	Brake.................	Les colis destinés aux stations intermédiaires.
Train 15.	1er Fourgon à bagages...	Les colis à destination de Marseille, Tarascon et des stations situées entre Tarascon et Marseille.
	Brake.................	Les colis destinés à la rive droite et aux stations situées entre Lyon et Tarascon.
	Le 2me Fourgon à bagages est réservé pour la messagerie de route.	
Train 17.	Fourgon à bagages.....	Les colis à destination de Marseille.
	Brake.................	Les colis destinés aux stations intermédiaires.
	Waggon K.............	Les colis à destination de la rive droite.
Train 41.	Fourgon à bagages.....	Les colis à destination de Valence et de la ligne de St.-Rambert.
	Brake.................	Les colis à destination des stations intermédiaires.

Le 22 Novembre 1857.

N° 1173.

Correspondance entre les trains de la section de Paris à Lyon et ceux de Lyon à la Méditerranée.

Modifications dans les Instructions à suivre pour l'expédition des trains spéciaux 301, 303, 305, 307.

Ligne de LYON à MARSEILLE.

Par suite de la mise en vigueur de la nouvelle marche des trains, la circulaire n° 1126 sera annulée à partir du 1er Décembre 1857 et remplacée par la présente.

L'ordre de service n° 684 est complété et modifié en partie par les instructions suivantes :

Le départ de Lyon pour la ligne de la Méditerranée de tous les trains correspondant avec les trains de la ligne de Paris à Lyon, pourra être retardé de 45 minutes pour attendre l'arrivée des voyageurs et des bagages, venant de la ligne de Paris à Lyon.

Le Chef de Gare de Lyon n'usera de cette latitude qu'autant que les renseignements télégraphiques lui feront juger que le retard apporté dans le départ du train de la Méditerranée permettra aux voyageurs du train attardé de continuer leur route.

Si le retard signalé par le télégraphe est trop considérable pour qu'un délai de 45 minutes puisse être utile, il devra expédier le train de la Méditerranée à l'heure réglementaire. Lorsque ce dernier cas se produira, les voyageurs venant de la ligne de Paris à Lyon devront être expédiés suivant l'heure à laquelle ils arriveront à Lyon, soit par un autre train du service ordinaire, soit par un train spécial ainsi qu'il va être expliqué :

Correspondance entre les Trains

Omnibus 27 de Paris, arrivant à Lyon à 5 h. 20 du matin,

Omnibus 5 de la Méditerranée, partant de Lyon à 6 h. 10 pour Marseille.

Lorsque, par suite de retard dans l'arrivée du train 27, le départ du train 5 sera reporté à 6 h. 55 du matin,

Le train de marchandises 101 ne pourra partir qu'après le train 7.

Si le train 5 ne part qu'à 6 h. 55 et si le train express 7 part à l'heure réglementaire, toutes les stations desservies par le train 7 devront remettre au mécanicien et au chef de ce train, un bulletin constatant l'heure exacte à laquelle le train n° 5 aura quitté la station.

Si les voyageurs du train 27 n'arrivent pas assez à temps pour profiter du train n° 5, ils partiront par le train 9, qu'on retarderait au besoin de 45 minutes.

Si le train n° 9 est retardé de 45 minutes, le train facultatif 203 ne pourra avoir lieu, quand bien même il aurait été autorisé, et le train 503 ne partira que 5 minutes après le train 9.

Si le train 27 n'arrive pas assez à temps, pour que les voyageurs puissent prendre le train 9, ces voyageurs seront expédiés par un train spécial, soit à midi, soit à 2 h. du soir, suivant l'heure de l'arrivée du train 27. Le train spécial partant à midi, portera le n° d'ordre 301 et arrivera assez tôt à Valence pour être adjoint au train 9. Le train spécial partant à 2 h. du soir portera le n° d'ordre 303 et arrivera à Tarascon assez tôt pour être adjoint au train 9. — Voici quelles sont les instructions à suivre pour l'expédition de ces trains spéciaux :

1er Cas.

TRAIN 301

partant de LYON à midi, rejoignant le train 9 à VALENCE.

MARCHE DU TRAIN.

	h. m.	
Départ de LYON	midi.	
Arrivée à VIENNE	12 35	soir.
Départ de VIENNE	12 40	»
Arrivée à St.-RAMBERT	1 11	matin.
Départ de St.-RAMBERT	1 14	»
Arrivée à TAIN	1 50	»
Départ de TAIN	1 52	»
Arrivée à VALENCE	2 15	»

Annonce du Train.

Ce train sera annoncé de Lyon à Valence par le train 9.

Suppression et garage des Trains.

Le train 41 ne pourra partir qu'à midi 10.

Le train 203 ne pourra avoir lieu quand bien même il aurait été autorisé.

Le train 301 ne pourra se faire que sur l'ordre de l'Inspecteur ou du Sous-Inspecteur du service du Mouvement, résidant à Lyon, qui devra prévenir, par la voie la plus prompte, les stations entre Lyon et Valence, que le train a lieu.

Si les communications télégraphiques sont interrompues et si les stations ne peuvent être prévenues en temps voulu, le train 301 aura toujours lieu, mais il ne pourra partir qu'accompagné par l'Inspecteur ou le sous-Inspecteur, qui prendra sous sa responsabilité toutes les mesures propres à assurer la marche du train et à la rendre aussi régulière que possible.

Voici ce que les stations avisées auront à faire, dès qu'elles sauront que le train 301 a lieu :

Lyon (Perrache).	Faire mettre le signal d'annonce au train 9 jusqu'à Valence. Demander la machine au dépôt. Prévenir les chefs de train de réserve. Donner au chef de train et au mécanicien du train 301 la marche du train. Ne faire partir le train 41 que 10 minutes après le train 301.
Lyon (Guillotière)	Tenir les voies libres. Supprimer le train 203.
Valence.......	Retenir le train 9 jusqu'à l'arrivée du train 301. Joindre le train 301 au train 9. Si à 3 h. le train 301 n'était pas arrivé à Valence, le chef de station ferait partir le train 9 et si le 301 arrivait, il lui donnerait l'itinéraire du train 303 (*voir plus bas*) en prenant les précautions voulues.

Toutes les autres stations situées sur le parcours du train 301, auront le soin de tenir la voie libre et de maintenir très-rigoureusement, entre les trains suivant la même voie, les intervalles prescrits par les règlements.

2me Cas.

TRAIN 303

partant de LYON à 2 h. du soir,
rejoignant le train 9 à TARASCON.

MARCHE DU TRAIN.

	h. m.	
Départ de LYON	2 »	soir.
Arrivée à VIENNE	2 35	»
Départ de VIENNE	2 38	»
Arrivée à St.-RAMBERT	3 11	»
Départ de St.-RAMBERT	3 14	»
Arrivée à TAIN	3 46	»
Départ de TAIN	3 48	»
Arrivée à VALENCE	4 11	»
Départ de VALENCE	4 15	»
Arrivée à LORIOL	4 40	»
Départ de LORIOL	4 45	»
Arrivée à MONTÉLIMAR	5 17	»
Départ de MONTÉLIMAR	5 22	»
Arrivée à LA CROISIÈRE	5 59	»
Départ de LA CROISIÈRE	6 »	»
Arrivée à ORANGE	6 25	»
Départ d'ORANGE	6 28	»
Arrivée à AVIGNON	7 01	»
Départ d'AVIGNON	7 05	»
Arrivée à TARASCON	7 30	»

Annonce du Train.

Le train sera annoncé de :
Lyon à Valence par train 41,
Valence à Tarascon par train 9.

Suppression et Garage des Trains.

Le train facultatif 203 ne pourra avoir lieu.

» de marchandises 103 ne pourra partir de Lyon que 5 minutes après le passage du train 303 à la Guillotière.

» facultatif 205 ne pourra avoir lieu.

» » 213 ne pourra avoir lieu.

» » 215 ne pourra partir de Valence que 5 minutes après le train 303.

» » 217 ne pourra partir d'Orange que 5 minutes après le train 303.

Le train 303 ne pourra se faire que sur l'ordre de l'Inspecteur ou du Sous-Inspecteur du mouvement, résidant à Lyon, qui devra prévenir, par la voie la plus prompte, les stations entre Lyon et Tarascon, que le train a lieu.

Si les communications télégraphiques sont interrompues et si les stations ne peuvent être prévenues en temps voulu, le train 303 aura toujours lieu, mais il ne pourra partir qu'accompagné par l'Inspecteur ou le Sous-Inspecteur, qui prendra sous sa responsabilité toutes les mesures propres à assurer la marche du train et à la rendre aussi régulière que possible.

Voici ce que les stations avisées auront à faire, dès qu'elles sauront que le train 303 a lieu :

Lyon (Perrache).
- Faire mettre le signal d'annonce au train 41 jusqu'à Valence.
- Demander une machine au dépôt.
- Prévenir les Chefs de train de réserve.
- Ne faire partir le train 505 que 5 minutes après le 303.
- Donner au Chef du train et au mécanicien du train 303 la marche du train.

Lyon (Guillotière).
- Maintenir la voie libre.
- Supprimer les trains 203 et 205.
- Ne faire partir le train 103, que 5 minutes après le passage du train 303.

Valence	Mettre le signal d'annonce au train 9 jusqu'à Tarascon. Prévenir le Chef de dépôt. Supprimer le train 213. Ne faire partir le 215 que 5 minutes après le train 303.
Orange	Prévenir le Chef de dépôt. Ne faire partir le 217 que 5 minutes après le train 303.
Tarascon	Retenir le train 9 jusqu'à l'arrivé du 303. Joindre le train 303 au train 9. Si, à 8 h. 15 du soir, le train 303 n'est pas arrivé à Tarascon, le Chef de cette station fera partir le train 9, en prévenant la station d'Arles du retard du train 303, et lorsque ce dernier train se présentera, il le fera continuer jusqu'à Arles, en conduisant, lui-même, le train, et en prenant toutes les précautions voulues par les règlements.
Arles	Lorsque Arles apprendra par le train 9 que le train 303 n'est pas arrivé, le chef de cette station reculera le départ des trains 105, 113 jusqu'à 10 h. 30 soir, c'est-à-dire, qu'il fera partir le train 105 à 10 h. 30 et le 113 à 10 h. 50. Si le train 303 arrive à Arles avant 10 h. 30, le chef de cette station le conduira lui-même jusqu'à Marseille, en prévenant tous les postes télégraphiques situés entre Arles et Marseille. Il conduira lui-même le train jusqu'à Marseille en lui donnant la même marche et les mêmes arrêts que le train 9. Si à 10 h. 30 le train 303 n'est pas arrivé à Arles, le chef de station fera partir les trains de marchandises 105 et 113; et si le train 303 se présente on le joindra au train 17.

Toutes les autres stations situées sur le parcours du train 303, auront le soin de tenir la voie libre et de maintenir très-rigoureusement, entre les trains suivant la même voie, les intervalles prescrits par les règlements.

Correspondance entre les Trains

Express 35 de Paris, arrivant à Lyon à 6 h. 50 minutes matin,

Express 7 de la Méditerranée, partant de Lyon à 8 h. matin pour Marseille.

Lorsque, par suite d'un retard dans l'arrivée du train 35, les voyageurs de ce train n'auront pas pu prendre le train 7 de la Méditerranée, ils seront expédiés par le train 9, dont le départ sera retardé au besoin de 45 minutes.

Si les voyageurs du train 35 n'arrivent pas assez à temps, pour profiter du départ du train 9, ils seront expédiés par les trains spéciaux 301 ou 303, suivant l'heure à laquelle ils arriveront à Lyon.

Toutes les instructions données pour l'expédition et la marche des trains 301 et 303 au sujet de la correspondance des trains 27 de Paris et 5 de la Méditerranée, devront être également appliquées dans ce cas.

Correspondance entre les Trains

Omnibus 41 de Paris, arrivant à Lyon à 3 h. 10 soir,

Omnibus 11 de la Méditerranée, partant de Lyon à 4 h. soir pour Montélimar.

Lorsque, par suite de retard dans l'arrivée du train 41, le train 11 sera retardé de 45 minutes,

Le train 207 ne partira de la Guillotière, que 5 minutes après le passage du train 11.

Si les voyageurs du train 41 ne peuvent profiter du départ du train 11, ils seront expédiés par le train 15, à 8 h. du soir.

Correspondance entre les Trains

Express 19 de Paris, arrivant à Lyon à 9 h. 50 soir,

Express 17 de la Méditerranée, partant de Lyon à 10 h. 30 soir pour Marseille.

Lorsque le train 17 sera retardé de 45 minutes pour attendre le train 19, le train de marchandises 105 ne partira de Lyon que 5 minutes après le passage du train 17, à la Guillotière.

Lorsque le train 19 aura trop de retard pour que les voyageurs puissent profiter du train 17, ils seront expédiés par un train spécial, soit à 1 h. du matin, soit à 3 h. du matin, suivant l'heure à laquelle ils arriveront à Lyon.

Le train spécial partant à 1 h. du matin portera le n° d'ordre 305 et arrivera assez tôt à Orange pour y être joint au train 1.

Le train spécial partant à 3 h. du matin portera le n° d'ordre 307 et arrivera à Valence assez à temps pour y être joint au train 3.

Voici quelles sont les instructions à suivre pour l'expédition de ces trains spéciaux.

1er Cas.

TRAIN 305

partant de LYON à 1 h. du matin, et rejoignant le train 1 à ORANGE.

MARCHE DU TRAIN.

	h. m.	
Départ de LYON	1 »	matin.
Arrivée à VIENNE	1 35	»
Départ de VIENNE	1 38	»
Arrivée à St.-RAMBERT	2 11	»
Départ de St.-RAMBERT	2 14	»
Arrivée à TAIN	2 46	»
Départ de TAIN	2 48	»
Arrivée à VALENCE	3 11	»
Départ de VALENCE	3 16	»
Arrivée à LORIOL	3 41	»
Départ de LORIOL	3 42	»
Arrivée à MONTÉLIMAR	4 22	»
Départ de MONTÉLIMAR	4 27	»
Arrivée à LA CROISIÈRE	5 10	»
Départ de LA CROISIÈRE	5 15	»
Arrivée à ORANGE	5 45	»

Annonce du Train.

Ce train sera annoncé :

De Lyon à Vienne par le train 105,

De Vienne à Orange par le train 17.

Suppression et Garage des Trains.

Le train 105 se garera à Vienne et n'en repartira que 5 minutes après le train 305.

Le train 103 ne devra partir de Valence que 5 minutes après le train 305.

Le train 305 ne pourra se faire que sur l'ordre de l'Inspecteur ou du Sous-Inspecteur du service du mouvement résidant à Lyon, qui devra prévenir, par la voie la plus prompte, les stations entre Lyon et Orange, que le train 305 a lieu.

Si les communications télégraphiques sont interrompues et si les stations ne peuvent être prévenues en temps voulu, le train 305 aura toujours lieu, mais il ne pourra partir qu'accompagné par l'Inspecteur ou le Sous-Inspecteur, qui prendra sous sa responsabilité toutes les mesures propres à assurer la marche du train et à la rendre aussi régulière que possible.

Voici ce que les stations avisées auront à faire dès qu'elles sauront que le train 305 a lieu :

Lyon (Perrache).	Demander la machine au dépôt. Prévenir les Chefs de train de réserve. Donner au Chef du train et au Mécanicien du train 305 la marche du train.
Lyon (Guillotière)	Tenir les voies libres. Faire mettre le signal d'annonce au train 105 jusqu'à Vienne. Donner l'ordre au train 105 de se garer à Vienne.
Vienne........	Faire mettre le signal d'annonce au train 17 jusqu'à Orange. Retenir le train 105, jusqu'après le passage du train 305. Si à 2 h. 30 du matin le train 305 n'est pas arrivé et si le chef de station ne reçoit aucune nouvelle du train, il pourra faire partir le train 105 en lui laissant le signal d'annonce jusqu'à Valence, et si après le départ du train 105 le train 305 se présentait, il lui donnerait l'itinéraire du train 307 en prévenant toutes les stations télégraphiques entre Vienne et Valence.
Valence.......	Prévenir le Chef de dépôt. Ne faire partir le 103 que 5 minutes après le train 305.
Orange	Joindre le train 305 au train 1. Si à 6 h. 45 le train 305 n'est pas arrivé à Orange, le chef de station d'Orange fera partir le train 1, et si le 305 arrive après le départ du train 1, il le joindra au train 3.

Toutes les autres stations situées sur le parcours du train 305 auront le soin de tenir la voie libre, et de maintenir très-rigoureusement, entre les trains se succédant sur la même voie, les intervalles prescrits par les règlements.

2me Cas.

TRAIN 307

partant de LYON à 3 h. du matin, et rejoignant le train 3 à VALENCE.

MARCHE DU TRAIN.

	h.	m.	
Départ de LYON	3	»	matin.
Arrivée à VIENNE	3	40	»
Départ de VIENNE	3	45	»
Arrivée à St.-RAMBERT	4	20	»
Départ de St.-RAMBERT	4	25	»
Arrivée à TAIN	5	»	»
Départ de TAIN	5	05	»
Arrivée à VALENCE	5	35	»

Annonce du Train.

Ce train sera annoncé :
de Lyon à Vienne par train 107,
de Vienne à Valence par train 105.

Suppression et Garage des Trains.

Le train 201 ne pourra partir de Lyon que 5 minutes après le passage du train 307 à la Guillotière.

Le train 107 se garera à Vienne et n'en repartira que 5 minutes après le départ du train 307.

Le train 307 ne pourra se faire que sur l'ordre de l'Inspecteur ou du Sous-Inspecteur du service du mouvement, résidant à Lyon, qui devra prévenir par la voie la plus prompte toutes les stations entre Lyon et Valence, que le train 307 a lieu.

Si les communications télégraphiques sont interrompues et si les stations ne peuvent être prévenues en temps voulu, le train 307 aura toujours lieu, mais il ne pourra partir qu'accompagné par l'Inspecteur ou le Sous-Inspecteur, qui prendra sous sa responsabilité toutes les mesures propres à assurer la marche du train et à la rendre aussi régulière que possible.

Voici ce que les stations avisées auront à faire dès qu'elles sauront que le train 307 a lieu :

Lyon (Perrache).
- Demander la machine au dépôt.
- Prévenir les Chefs de train de réserve.
- Donner au Chef de train et au mécanicien du train 307 la marche du train.

. . . .

Lyon (Guillotière)
- Tenir la voie libre.
- Faire mettre le signal d'annonce au train 107 jusqu'à Vienne et lui donner l'ordre de se garer à Vienne.
- Ne faire partir le 201 que 5 minutes après le passage du train 307.

. . . .

Vienne . . . .
- Mettre le signal d'annonce au train 105 jusqu'à Valence.
- Faire garer le 107 et ne le faire partir que 5 minutes après le train 307.
- Si à 4 h. 30 le train 307 n'est pas arrivé à Vienne, et si le Chef de station ne reçoit aucune nouvelle de ce train il fera partir le train 107, et si le 307 se presente il le joindra au train 7.
- Dans ce cas il préviendra toutes les stations télégraphiques depuis Vienne jusqu'à Valence.

Valence. . . . . . .
- Joindre le train 307 au train 3.
- Si à 6 h. 45 le train 307 n'est pas arrivé à Valence, le Chef de cette station fera partir le train 3, et si le train 307 se présente, il le joindra au train 7.

Toutes les autres stations situées sur le parcours du train 307 auront le soin de tenir la voie libre et de maintenir rigoureusement entre les trains, se sucoédant sur la même voie, les intervalles prescrits par les règlements.

OBSERVATIONS.

Les train 301, 303, 305 et 307, pourront être faits sur la demande de l'Administration des Postes, pour le transport des dépêches ou des courriers de l'Inde ou de l'Australie.

Le 25 Novembre 1857.

N° 1174.

Modifications à l'annonce des Trains Facultatifs.

Ligne de LYON à MARSEILLE.

A partir du 1er Décembre 1857, la circulaire N° 1093 sera annulée en ce qui concerne l'annonce des trains de marchandises facultatifs entre Valence et Lyon.

A dater de cette époque, ces trains seront annoncés comme suit :

Trains montants.

Train	226	de Valence à Vienne	par train	2.	
		de Vienne à Chasse	»	238.	
		de Chasse à Lyon	»	2,	si le train 238 n'a pas lieu.
		de Valence à Lyon	»	2.	
»	228	de Valence à Vienne	»	112.	
		de Vienne à Chasse	»	4.	
		de Chasse à Lyon	»	12.	

Le train 12 ne s'arrêtant pas à Chasse, c'est le chef de station de Vienne qui devra donner l'ordre au chef du train 12 de signaler le 228 depuis Chasse jusqu'à Lyon.

»	230	de Valence à St-Rambert	par train	12.	
		de St-Rambert à Lyon	»	114.	
»	232	de Valence à Lyon	»	230,	si le 230 n'a pas lieu,
		de Valence à St-Rambert	»	12.	
		de St-Rambert à Lyon	»	114.	

TRAIN	234	de Valence à Lyon	par train	232, si le 232 n'a pas lieu,
		de Valence à Lyon	»	230, si le 230 n'a pas lieu,
		de Valence à St-Rambert	»	42.
		de St-Rambert à Lyon	»	114.
»	236	de Valence à Lyon	»	234, si le 234 n'a pas lieu,
		de Valence à Lyon	»	232, si le 232 n'a pas lieu,
		de Valence à Lyon	»	230, si le 230 n'a pas lieu,
		de Valence à St-Rambert	»	42.
		de St-Rambert à Lyon	»	114.
»	238	de Vienne à Chasse	»	2.

Trains descendants.

TRAIN	201	de Lyon à Valence	par train	107.
»	203	de Lyon à Vienne	»	9.
		de Vienne à Valence	»	41.
»	205	de Lyon à Valence	»	103.
»	207	de Lyon à Valence	»	11.
»	209	de Chasse à Vienne	»	7.

Le train 7 ne s'arrêtant pas à Chasse, le chef de la station de Chasse devra prévenir le chef de gare de Perrache toutes les fois que le train 209 aura lieu assez à temps pour que celui-ci donne au chef de train l'ordre d'annoncer le train 209 entre Chasse et Vienne.

Rien n'est changé aux autres prescriptions de la circulaire n° 1093.

Le 25 Novembre 1857.

N° 1175.

Distribution des Billets pour la Ligne de Bessèges.

A dater du 1er Décembre, les stations de **Marseille, Rognac, Miramas, Arles, Tarascon, Avignon, Orange, La Croisière, Montélimar, Valence, Tain, Andancette, St.-Rambert, Vienne, Lyon et Aix** délivreront des billets pour Bessèges et St.-Ambroix. A ces mêmes stations, les bagages pourront être enregistrés directement pour toutes les stations de l'embranchement d'Alais à Bessèges, soit : Salyndres, St.-Julien, St.-Ambroix, Molière et Bessèges.

Les stations seront pourvues en temps voulu, par les soins du Contrôle, des tarifs, billets et fiches nécessaires à cette nouvelle correspondance.

Le 26 Novembre 1857.

N° 1176.

Autorisation de laisser voyager à moitié prix deux Congrégations religieuses.

A l'avenir, les **Frères de l'Instruction chrétienne de l'Institut du Puy** et les **Religieuses de la Charité, dites de Besançon, à Nîmes**, seront admis à voyager sur la ligne à moitié prix du tarif, sur la présentation d'une lettre d'obédience signée de leur supérieur général et revêtue du sceau de leur congrégation.

Le 27 Novembre 1857.

N° 1177.

Renvoi des Signaux indicateurs.

A l'avenir, tous les samedis, les brigadiers poseurs remettront aux chefs de station, es **indicateurs équilibrés** dont le service de l'entretien de la voie fait usage et qu'ils auront ramassés sur la ligne pendant la semaine.

Ces signaux indicateurs seront remis aux Chefs de station réunis par une attache. Les chefs de station en feront l'envoi en messagerie franco au chef de section qui leur sera désigné par les brigadiers poseurs.

Le 28 Novembre 1857.

N° 1178.

Recommandations pour les Manœuvres.

Divers accidents arrivés dans les gares pendant les manœuvres, prouvent que les hommes chargés de ce service ne le font pas avec assez de précaution et s'exposent, sans nécessité, à recevoir des blessures très-graves. Les chefs de station, tout en veillant à ce que les manœuvres se fassent rapidement, doivent avoir le soin d'empêcher leurs hommes d'agir avec une témérité qui leur est souvent funeste ; ils doivent surtout défendre aux employés de s'introduire entre les waggons qu'ils ont à détacher, ou à atteler avant l'arrêt complet du train ou de la locomotive.

Il importe de prévenir des accidents causés par des imprudences résultant d'un zèle malentendu et d'un empressement inutile, qui ne présentent aucun avantage pour le bien du service.

Le 28 Novembre 1857.

N° 1179.

Autorisation de laisser voyager à moitié prix une Congrégation religieuse.

A l'avenir, **les Religieux du Monastère de la Trappe et ferme-école de Forges, près Signy-le-Petit** (Ardennes), seront autorisés à voyager à moitié prix du tarif, sur la production d'une lettre d'obédience signée de leur supérieur et revêtue du sceau de la Communauté.

Le 28 Novembre 1857.

N° 1180.

Pilotage du Pont de Montrosier, près d'Estressin.

A partir du 5 Décembre 6 h. du matin, jusqu'au 20 Décembre 6 h. du soir, le service des trains se fera uniquement sur la voie descendante, sur un parcours de 100 mètres environ, entre **Estressin** et **Chasse**, à 600 mètres de la station d'Estressin, pour donner au service de l'Entretien la faculté de réparer le pont du ruisseau de **Montrosier.**

Afin d'éviter des accidents, un service de pilotage sera établi sur le parcours fait sur la voie unique. Tous les trains s'arrêteront à 200 mètres des aiguilles de communication afin d'y prendre le pilote.

Des gardes seront placés aux aiguilles de communication et signaleront l'arrêt à tous les trains se dirigeant vers la voie unique.

Des gardes placés de chaque côté de la voie unique, à 1000 mètres des aiguilles, signaleront le ralentissement à tous les trains se dirigeant vers la voie unique.

Aucun train, aucune machine, ne pourra circuler sur la voie unique sans la présence du pilote, qui devra être porteur d'une carte de pilotage, signée du Chef du Mouvement, en date du 5 décembre. Les mécaniciens ne devront se mettre en marche que sur le vu de cette carte.

Le parcours sur la voie unique sera fait au pas.

Le 3 Décembre 1857.

N° 1182.

Stationnement des trains à consigner sur les rapports journaliers et feuilles de route.

Les trains de marchandises perdent beaucoup de temps dans les stations intermédiaires en fesant les manœuvres. Tout en exécutant les manœuvres avec prudence et sécurité, les chefs de station ne doivent pas perdre de vue qu'il importe pour la régularité du service qu'elles soient faites promptement et sans retarder les trains.

Afin que le temps employé dans chaque station pour les besoins du service soit dorénavant bien constaté, les chefs de station auront à l'avenir le soin de mentionner sur leur rapport — *Heures de départ et d'arrivée des trains* — dans une colonne spéciale qu'ils intituleront — *Durée des stationnements* — le temps pendant lequel chaque train desservant la station aura stationné.

Lorsqu'après les manœuvres, le départ du train sera différé pour le service de la machine, les chefs de station auront le soin de spécifier que sur le stationnement il y a tant de minutes pour les manœuvres et tant de minutes pour le service de la machine.

Les stationnements des trains de voyageurs devront également figurer sur les rapports.

Les conducteurs des trains de marchandises et de voyageurs devront aussi mentionner sur les feuilles de route la durée du stationnement des trains à chaque station desservie.

Le 26 Décembre 1857.

N° 1183.

Modifications dans l'enregistrement des transports sur réquisition.

A partir du 1er janvier l'enregistrement des transports sur réquisition se fera sur un carnet spécial divisé en 4 parties : **Souche**, **Bulletin de réquisition**, **Feuille de route** et **Bulletin de transport.**

La souche restera entre les mains de la station expéditeur.

Le bulletin de réquisition sera renvoyé par la station expéditeur au chef du contrôle.

La feuille de route épinglée à la réquisition originale sera remise au chef du train.

Le bulletin de transport sera remis au chef du détachement.

La feuille de route et la réquisition originale revêtues des visas réglementaires seront adressées par les chefs de station d'arrivée au chef du mouvement à MARSEILLE.

Le bulletin de transport sera renvoyé au contrôle par la station d'arrivée avec les billets recueillis.

Il est rappelé que les transports sur réquisition à destination d'un des points de la partie nord du réseau (ligne de PARIS à LYON et embranchements) ou en provenant, doivent être traités comme les transports faits sur la partie sud (ligne de LYON à la MÉDITERRANÉE).

Les stations seront pourvues par les soins du contrôle des imprimés nécessaires à cette nouvelle manière d'opérer.

Le 28 Décembre 1857.

N° 1184.

Permis de circulation.

Les permis de circulation délivrés pour l'année 1857, seront valables jusqu'au 15 Janvier 1858 inclusivement.

Le 28 Décembre 1857.

N° 1185.

Modifications dans les conditions de transport des enfants.

A partir du 1er janvier, le transport des enfants se fera dans les conditions suivantes :

Au-dessous de trois ans, les enfants ne paient rien à la condition d'être portés sur les genoux des personnes qui les accompagnent.

De trois à sept ans, ils paient demi-place et ont droit à une place distincte, toutefois dans un même compartiment deux enfants ne pourront occuper que la place d'un voyageur.

Au-dessus de sept ans, ils paient place entière.

Les enfants transportés à moitié prix ont droit à une franchise de vingt kilogrammes de bagages.

Le 29 Décembre 1857.

Marseille. — Typ. et Lith. Barlatier-Feissat et Demonchy.

TABLEAU ANALYTIQUE

des Circulaires contenues dans ce volume.

www.ingramcontent.com/pod-product-compliance
Lightning Source LLC
Chambersburg PA
CBHW072311210326
41519CB00057B/4055